別冊 淡海《おうみ》文庫 27

サンライズ出版

野田 浩子 著

朝鮮通信使と彦根

記録に残る井伊家のおもてなし

目次

はじめに

朝鮮通信使は、江戸時代を通じて何度も日本にやってきて、全国各地に多くの影響を与えた。通信使が休憩・宿泊した地などには通信使が描いた書画が伝来しているほか、一行の装束や音楽、踊りは大陸の新鮮な文化として受け入れられた。通信使の行列を見て刺激を受けた人々が地域の祭礼でそれをまねた「唐人行列《とうじん》」「唐人踊り」は各地で行われ、それが今に継承されているものもある。また、伏見人形をはじめ各地で作られて土産物として販売されていた土人形に、通信使の姿をデザインしたものが残っている。このように、通信使がもたらした異国の新しい文化は、実際に行列を見た人だけでなく多くの人々が接することとなり、広く浸透していった。

今でも、通信使の通ったルート周辺ではその足跡を確認することができる。そのような中でも、近江（滋賀県）には、通信使一行が通ったことでその名前がつけられた街道が残っている。野洲《やす》市から彦根市にかけて、中山道《なかせんどう》から分岐してその西側の琵琶湖岸との間を通る「朝鮮人街道」と呼ばれる街道である。他の通信使ゆかりの地には見られず、近江独自のものである。

朝鮮人街道については、これまで、朝鮮通信使の通行や近江地域の街道といったテーマの中で取り上げられてきた。特に朝鮮通信使の歴史は、近年、広く知られるようになってきている。それは、明治時代以来の不幸な関係を乗り越え、日本と韓国・朝鮮が友好を築こうとする現代的課題に取り組む上で、江戸時代の使節団に光をあて、歴史上の善隣関係に見習おうとするものであり、二〇一七年に通信使ゆかりの資料がユネスコ「世界の記憶」に選定されたのも、関係者の熱意の証しといえるだろう。

ところで、朝鮮人街道やそこを通った朝鮮通信使について、歴史的にどこまで明らかとなっているのか見直したところ、意外と未解明な点が多いことに気づく。朝鮮人街道のルートは特定されており、徳川家康が関ヶ原合戦で勝利したあとに京都へ向かった「吉例の道」に由来すると説明されるのが一般的である。しかし、江戸幕府による全国の交通政策の中で考えた場合、朝鮮人街道はどのように位置づけられるのであろう。また、江戸時代の地元史料からはこの街道を「朝鮮人街道」と呼び習わしていた痕跡《こんせき》は見つけにくい。そもそも、いつから「朝鮮人街道」と呼び習わされるようになったのだろう。朝鮮人街道を歴史に位置づけるためには、これらの基本事項から押さえていく必要があると考える。

また、朝鮮人街道にとっても、近江での朝鮮通信使の足跡にとっても、彦根は欠かせない存在である。朝鮮人街道は彦根城下町の中心地を貫いており、その街道上で唯一、宿駅機能が与えられていた。朝鮮人街道を通って江戸へ向かう通信使は彦根で一泊し、彦根藩主井伊家によって厚くもてなされている。しかしそのような歴史が地元では案外知られていない。一九九五年に、地元の彦根東高校新聞部が街道のルートを探した記録が『「朝鮮人街道」をゆく』として刊行されたが、そこには、彦根市民には朝鮮人街道があまり知られていないという取材結果も書き留められている。それから約二十年、——それは私が彦根城博物館学芸員として地域の歴史文化の調査と紹介に従事した期間に重なるが——、この本の影響や、私たちが展示・講座で取り上げる機会もあり、街道そのものについては多少浸透してきたかもしれない。ただ、朝鮮通信使の歴史全体を通じてみても、彦根には他の地域にない独自性と重要性があることはまだ知られていないだろう。

本書では、朝鮮通信使が朝鮮人街道を通って彦根へ入り、宿泊した歴史について、史料に基づいて実像を明らかにすることを第一の課題とする。その中から、近江、なかでも彦根周辺地域の歴史的特質を探っていきたい。

彦根には全国水準の歴史文化がいくつも存在している。そのそれぞれが積み重なっている重層性こそが彦根の歴史的特質ともいえるだろう。朝鮮通信使を迎えた歴史も、まちがいなくその主要な一要素である。

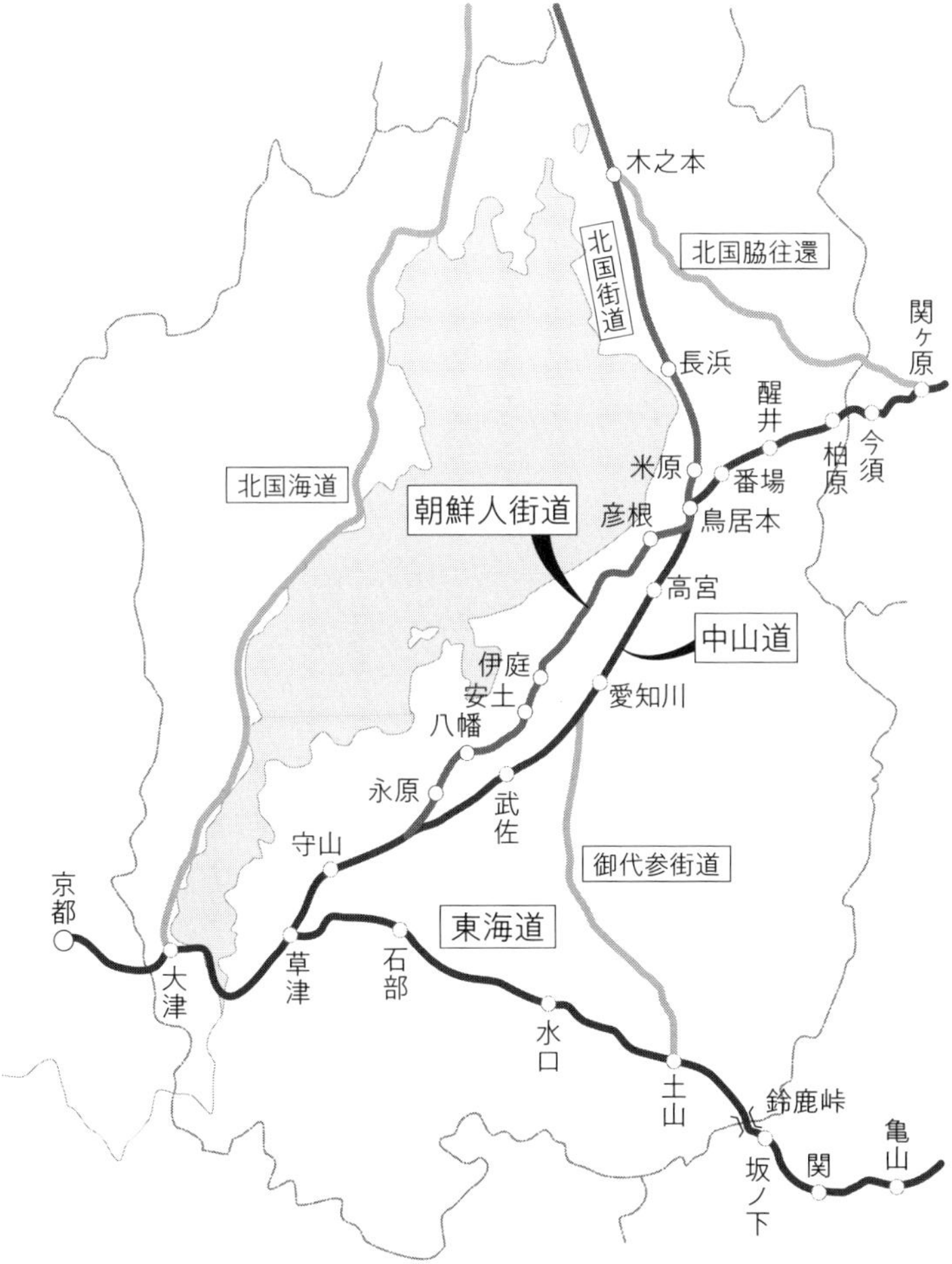
木之本
北国街道
北国脇往還
関ヶ原
長浜
醒井
今須
柏原
米原
番場
北国海道
朝鮮人街道
彦根
鳥居本
高宮
中山道
伊庭
安土
愛知川
八幡
永原
武佐
守山
御代参街道
京都
東海道
大津
草津
石部
水口
土山
鈴鹿峠
亀山
坂ノ下
関

近江の街道

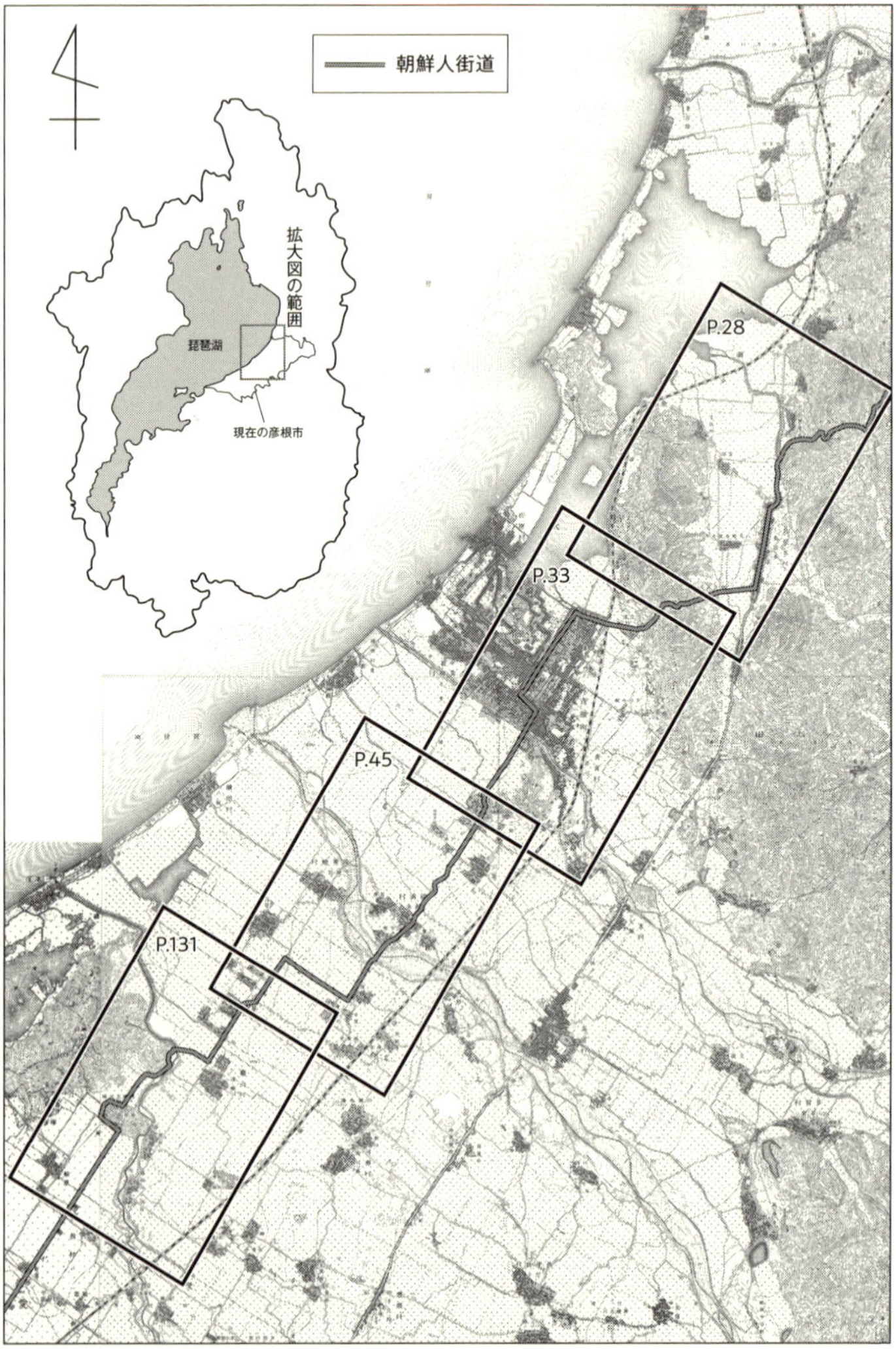

彦根周辺の朝鮮人街道
（背景地図は、1893年〈明治26〉測量の大日本帝国陸地測量部による２万分の１地形図「彦根」「高宮」、２万５千分の１地形図「能登川」を用いた）

第一章　彦根城と朝鮮人街道の一体的整備

一　幕府の交通政策としての彦根築城

江戸幕府の敷いた街道

　戦国時代、諸大名が各地に勢力を持っていたが、それらを統一して全国政権を築いた織田信長や豊臣秀吉は、朝廷のある京都周辺に政治の中心地を置いた。ついで全国政権を樹立した徳川家康は、慶長五年（一六〇〇）の関ヶ原合戦に勝利して実質的に天下を掌握すると、やがて江戸に幕府をひらいた。大坂城にはいまだ豊臣秀頼がいたが、諸大名を従えて全国政権を樹立したことで、家康は全国に統一的な制度を広めて全国支配を進めようとした。その一つに交通網の整備がある。

　当時、政治の中心地は依然として京都周辺であったが、家康はみずからの居城を江戸から変えることはせず、京都との間の拠点に家臣を置くという政策をとる。筆頭家臣の井伊直政（一五六一～一六〇二）を新たな徳川領の西端の重要拠点となる近江佐和山《さわやま》城主としたのをはじめ、三重桑名に本多忠勝、尾張清洲《きよす》には家康四男の松平忠吉《ただよし》、福井に家康二男の結城秀康《ゆうきひでやす》を配した。ほかにも、徳川の旧領である三河・遠江《とおとうみ》・駿河《するが》・甲斐《かい》・信濃や東

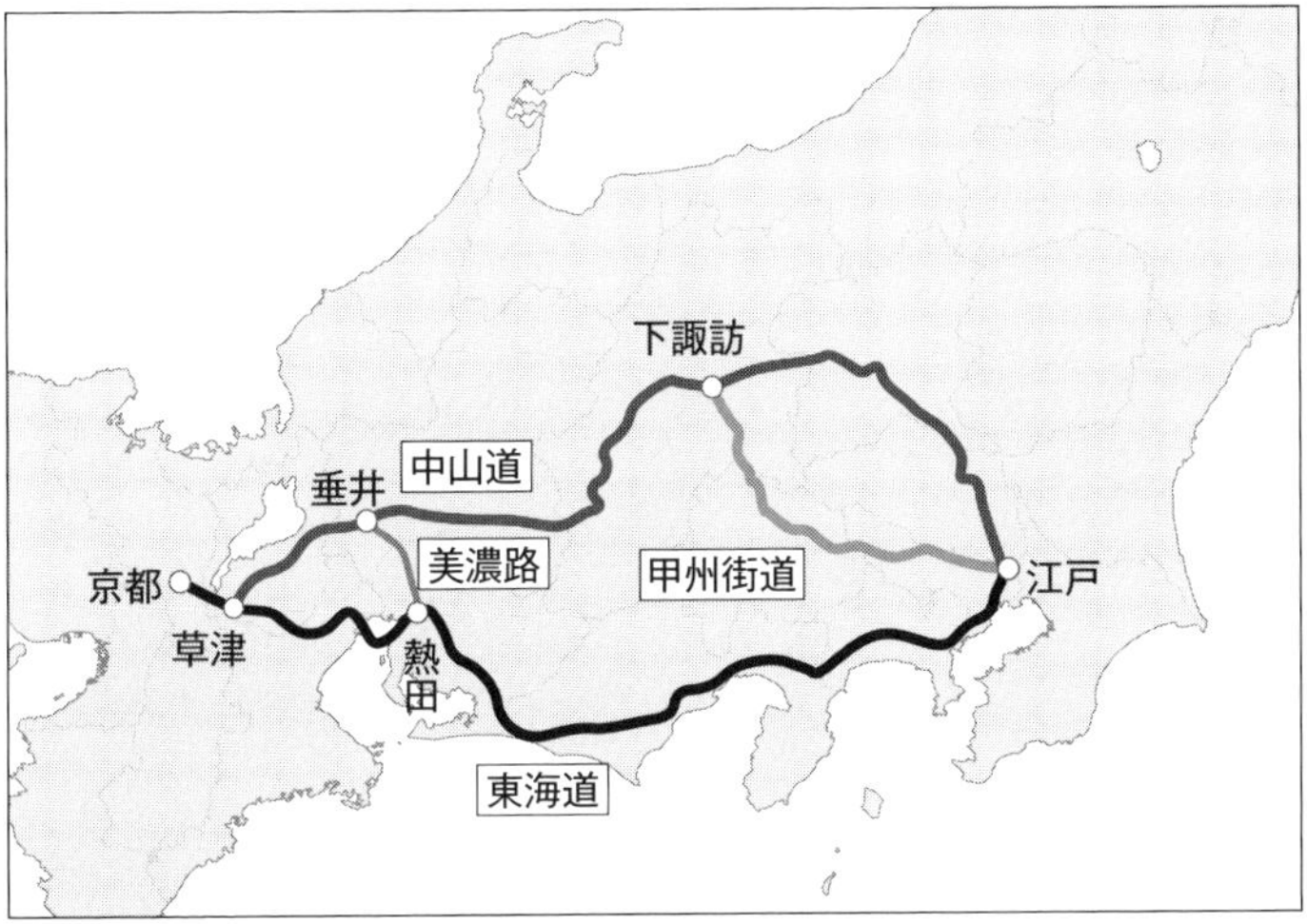

江戸・京都間の街道網

海道・中山道の重要な地に家臣の多くを配置した結果、京都と江戸の間の主要地がほぼ徳川の勢力で占められることになった。

そこで家康は、まず江戸〜京都間の街道整備にとりかかる。古代以来、京都と東国を結ぶ街道には東海道と東山道《とうさんどう》があり、戦国武将らもこれらの街道を行き来していたが、家康は宿駅《しゅくえき》制度を敷いて人と物資が通行する環境を整えた。

宿駅制度とは、街道上に拠点となる宿駅を置き、それぞれ次の宿まで人や荷物を運ぶ伝《てん》馬《ま》宿《しゅく》継《つぎ》の機能を持たせるしくみのことである。慶長六年（一六〇一）、家康配下の代官伊《い》奈《な》忠次《ただつぐ》ら四名が東海道の各宿に宛てて、伝馬を制定する定書《さだめがき》を出したのが最初で、翌年には中山道《なかせんどう》（中世までの東

並木道（箱根）

山道）に同様の伝馬定書を下した。伝馬定書を下した地を宿駅と定めて、そこに輸送のための人馬を常備させておき、幕府公用の荷物などが届けばそれを隣の宿駅まで継ぎ送るよう命じられた。次の宿までの駄賃《だちん》額は江戸町年寄の奈良屋市右衛門と樽屋《たるや》三四郎が実際に街道を通行して定められ、宿ごとに置く馬の数や伝馬御用のために毎年下される手当の金額なども指示された。これによって、江戸～京都間の街道上には、幕府御用の荷物を運ぶための人馬が常備され、荷物を目的地まですみやかに輸送するシステムが整えられたのである。

幕府が整備した街道は、江戸～京都間にとどまらず、全国各地に及んだ。東海道や中山道は江戸と主要地を結ぶ「五街道」にかぞえられ、最も主要な基幹道路に位置づけられたが、それに準じる脇往還《わきおうかん》が各地に敷かれ、全国の交通網が整えられた。

それぞれの宿駅には、公用の宿泊施設である本陣《ほんじん》・脇本陣が置かれ、大名や幕府役人が宿泊した。また、伝馬宿継の拠点となる施設として問屋《といや》が置かれた。街道には、一里ごとの目印として一里塚《いちりづか》が築かれ、両側に松や杉が植えられて並木道《なみきみち》が作られるなど、諸施設が整備されていった。

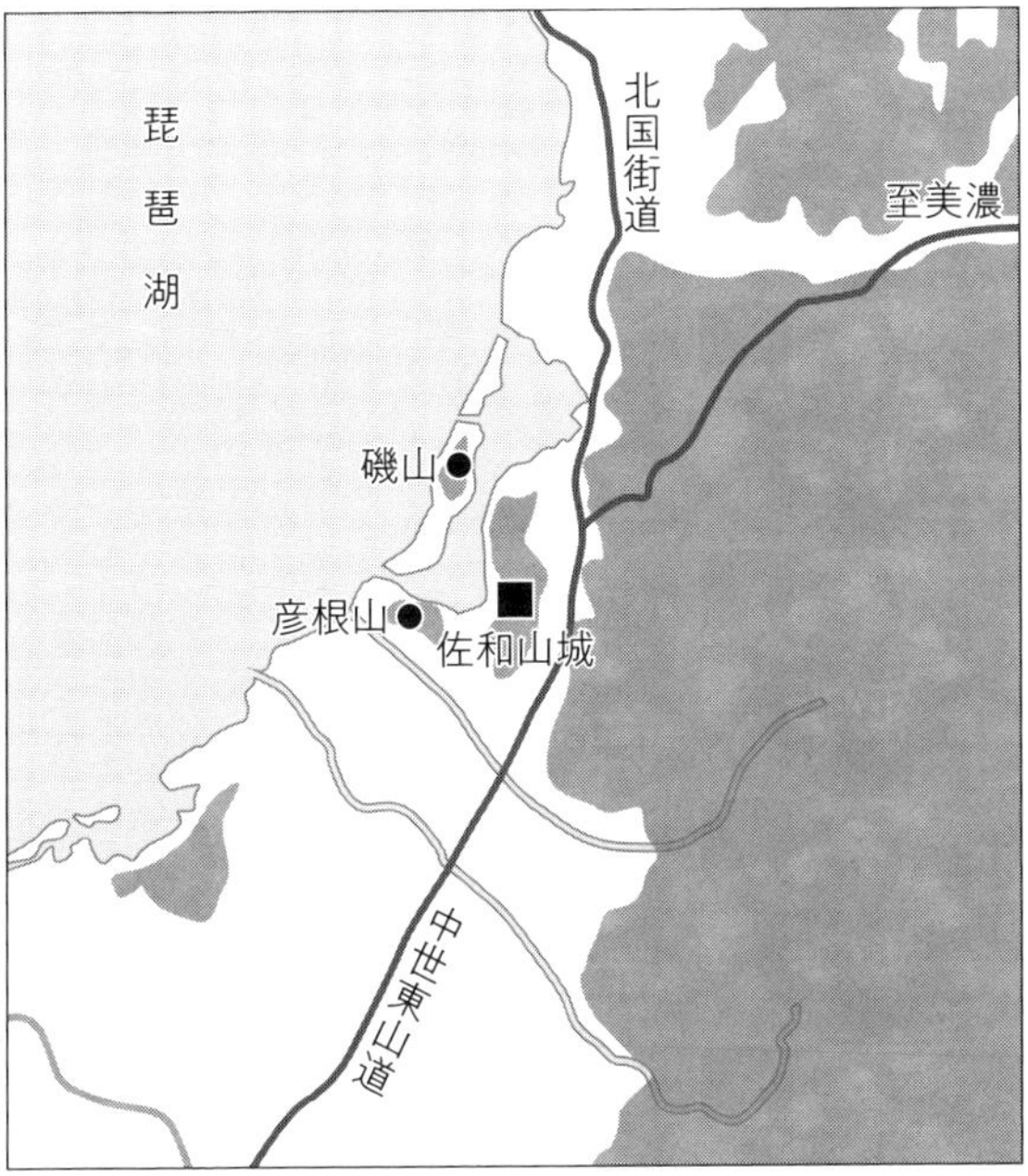

彦根築城前の佐和山周辺の地形
滋賀県立安土城考古博物館『元亀の争乱―信長を迎え撃った近江―』所収図をもとに作成

江戸と各地を結ぶ街道が整備されたことで、幕府役人や参勤交代の大名だけでなく庶民も通行しやすくなり、飛脚により各地に文書も届けられた。街道は、全国各地を人・モノ・情報が駆けめぐる大動脈の役割を果たしたといえる。

佐和山・彦根地域の重要性

関ヶ原合戦で勝利した家康は、筆頭家臣の井伊直政

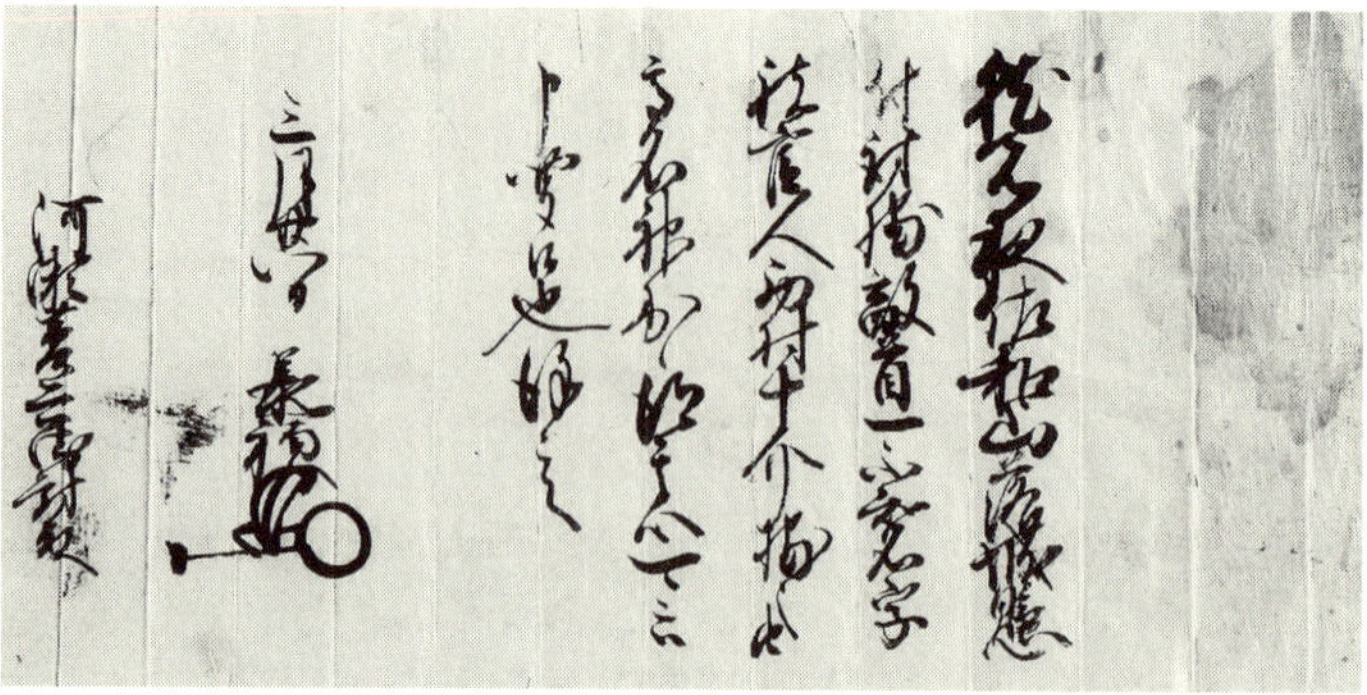

六角承禎感状　河瀬菅兵衛尉宛て（西村藤右衛門家文書、彦根城博物館蔵）
永禄４年（1561）、六角義賢（承禎）が浅井方だった佐和山城を攻略したときのものと推定。今村（彦根市開出今町）に居住する西村十介が敵首を捕ったことを賞する。

を石田三成の旧領であった近江佐和山城主とした。家康が直政をここに置いた理由の一つには、佐和山城が重要地点だったことがあげられる。

佐和山城には、古くからこの地域の軍事・政治の拠点という性格があった。京・近江から美濃方面へ向かう東山道と北陸へ向かう北国街道との分岐点にあたり、交通上の要所といえる。また、佐和山の西側には松原内湖が広がり南北の通行ができず、東の山裾《やますそ》は鈴鹿山地がすぐ前まで迫っており、この谷間を通る街道だけが南北の往来ができる場所であったことから、佐和山を制することは近江東山道を支配することを意味するといっていいほど、軍事戦略上からみた格好の拠点と位置づけられるだろう。

佐和山に城が築かれたのは古く、鎌倉時代初期に佐々木定綱の六男佐保時綱が居城したのが最初と伝わる。室町時代から戦国時代にかけては、湖北と湖南の勢力の境界に位置する「境目の城」であった。戦国時代の近江の勢力関係を見ると、観音寺《かんのんじ》城を拠点としていた守護六角氏の勢力が及んでいた北限が彦根市周辺までであり、近江北部は京極《きょうごく》氏、さらにその配下から戦国大名となった浅井氏の勢力下にあった。両勢力の境界周辺の拠点となる城が佐和山城であったため、佐和山を支配下に置くことで勢力拡大しようとして、佐和山城では何度も攻防戦が繰りひろげられた。

織田信長が足利義昭を奉じて上洛《じょうらく》し、居城の岐阜と京都との間を行き来するようになると、信長は佐和山城を湖上交通の拠点として重視した。佐和山は岐阜から東山道を通って上洛するルート上にあり、その中でも最初に琵琶湖岸周辺に出るという地理的条件に恵まれていたため、信長は佐和山西麓に船入を整備して湖上交通の拠点とし、ここから船で湖西まで渡ろうとしたのである。安土城が築かれる以前の信長にとって、佐和山城は近江における拠点ともいうべき重要な場所であったといえよう。引き続き、豊臣秀吉時代には八幡山《はちまんやま》城主の豊臣秀次を補佐する堀尾吉晴《ほりおよしはる》が佐和山城主となり、その後、文禄四年（一五九五）に石田三成が佐和山城主となった。東国と北国方面から畿内へ進入しようとする勢力に対する押さえとなることを考えてここに置かれたもので、三成時代には城郭の整備が進められた。

井伊直政が佐和山城主となった理由

井伊家が佐和山の地に配されたのは、このような歴史をもつ佐和山の軍事的・政治的重要性が考慮されてのことであった。関ヶ原合戦後の新たな勢力配置を見ると、この地を治めるのは井伊直政が適任であったことがわかる。

関ヶ原合戦の勝利によって、徳川の領地は関東から畿内周辺にまで及んだが、福島正則ら秀吉子飼いの大名で徳川に味方した者のほとんどは新たに西国に領地を与えられた。一方で、彼らの主君である豊臣秀頼は依然として大坂城にいて、豊臣政権の継承者として勢力をもっており、関ヶ原合戦で敵対した毛利氏や島津氏も領地は減らされたものの有力大名として命脈を保っているという状態であった。他方、京都には朝廷・公家や寺社勢力もおり、伝統的な権威を保持していた。このような勢力配置を考えると、東国から畿内への入り口にあたる近江が徳川方の最前線として軍事的にも政治的にも重要と判断され、その街道上の拠点である佐和山に井伊家を置くという政策がとられたと理解できる。

ここで、徳川家臣団の中での直政や井伊家の役割・立場を見ておこう。

井伊家の軍勢は、家康の手で創り上げられた精鋭部隊と位置づけられる。遠江国の有力国衆《くにしゅう》井伊氏の出身の直政は大将にふさわしい出自であり、天正《てんしょう》十年(一五八二)甲斐・信濃の武田旧領をめぐる北条氏との戦いの中で活躍した二十二歳の直政を、家康は侍大将に

井伊直政画像
（彦根城博物館所蔵　画像提供：彦根城博物館／DNPartcom）

取り立てた。その際、新たに服属した武田旧臣のうち四つの部隊を直政隊に組み入れ、あわせて、彼らが継承してきた武田の兵法を井伊隊の中に継承させた。そのほか、遠江・駿河の今川旧臣で徳川家臣となった者を直政配下に置き、有能な者を側近として付けた。つまり、家康が遠江に進出して以降に家臣となった今川・武田旧臣らの中から選りすぐった者を集めて一つの部隊を組織させ、彼らを統率する大将に今川配下の名族井伊氏を置いたといえる。

　その一方で、家康は直政を徳川家中で特別な立場に登用した。当時、戦国大名の各家では当主の親族が「一門衆」などと呼ばれ、家臣団の最上位にあり当主を補佐することが多かったが、天正十年代の家康にはこのような者がいなかった。本来ならば嫡男の信康が家康を補佐することになったであろうが、天正七年（一五七九）に命を奪われている。そこで、

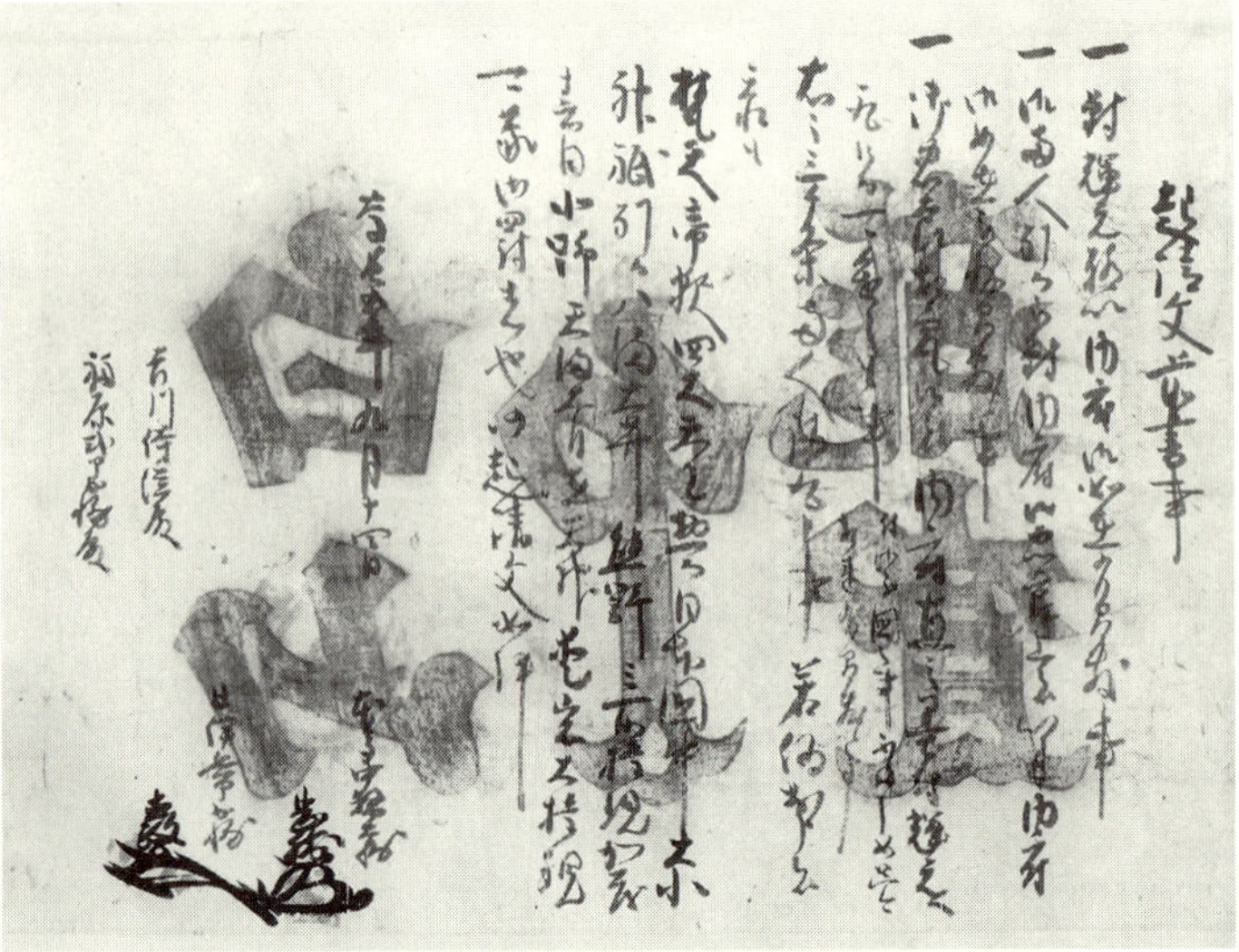

井伊直政・本多忠勝連署起請文　慶長5年9月14日付、吉川広家・福原広俊宛て
（毛利博物館蔵）

関ヶ原合戦の前日に交わされた起請文。これにより毛利勢は合戦で軍勢を動かさず、実質的に徳川方に味方した。

家康は直政を徳川一門に準じる立場へと登用し、他大名や豊臣政権との交渉を担当させた。豊臣政権では、公家社会の伝統的な官位《かんい》制度を用い、諸大名に官位を授けることで序列化して統制したが、直政は有力大名並の「侍従《じじゅう》」の官位を得ている。他の徳川家臣はもちろん、他の大名家臣にもここまで厚遇された者はいない。厚遇された理由としては、井伊氏といえば鎌倉《かまくら》御家人《ごけにん》以来の遠江の名門武家で、大名になれるだけの家柄であることが大きいだろう。だからこそ家康も、親族の娘を養女として直政に嫁がせることで直政と義理の親子関係を結び、直政に息子と同様の役割を担わせたのであった。天正十六年、秀吉が後陽成《ごようぜい》天皇を自身の邸宅に招いた聚楽行幸《じゅらくぎょうこう》では、直政は「侍従」の官位を持つ有力諸大名の列に加わったが、このことは陪臣《ばいしん》（秀吉から見て臣下の立場にある家康の家臣）の例外とみなすよりも、家康の一族、息子に準じる立場として諸大名の社会に入り込んでいたと考えるのがいいだろう。

　そうであれば、直政は豊臣政権の中にいる諸大名と対等な立場で交際できたことを意味する。交際経験を積むことで、外交交渉能力が磨かれ、有力者との人脈が形成されていったことであろう。このような直政の能力と人脈が、関ヶ原合戦の際に豊臣諸大名を徳川の味方につける原動力となっている。黒田長政を通じて福島正則をはじめとする秀吉子飼いの諸将を味方につけ、彼らと行動を共にして岐阜城攻めに勝利し、関ヶ原合戦へと至った。合戦直前の段階で、敵方大将の毛利輝元の一門である吉川広家《きっかわひろいえ》と起請文を交わして毛利が徳川方に味方するという密約をとりつけたのも、黒田を介して交渉した成果であった。合戦で勝利した後、大坂城にいる毛利輝元が降伏して大坂城から退去するにいたる交渉も、黒田長政・福島正則を介して交渉を進め、最終的に直政が徳川方を代表して話をまとめている。

　このように、直政は関ヶ原合戦では徳川方の最前線にあって、豊臣諸大名と直接交渉して彼らを徳川の味方に引き入れることに尽力したが、この役割が合戦後の勢力配置に引き継がれたと考えられる。新たに徳川政権の西端の拠点となった佐和山に、これまで対外交渉に従事してきた直政を置いたということである。これにより井伊家に求められたのは、畿内と東国をつなぐ街道上の軍事拠点を守るのに加えて、徳川の最前線として畿内・西国の諸勢力と交渉し、あるいはその動向をうかがって江戸へ報告することであった。

彦根築城計画

直政の近江・佐和山への領地替えは、関ヶ原合戦後の諸大名配置の一環として構想されたと考えられるので、慶長五年（一六〇〇）冬には内定していたとみるのが自然である。ただ、徳川家臣の移封はいずれも慶長六年正月以降に正式に命じられており、井伊家の佐和山への国替えもその中で公表されたのであろう。

直政の領地は、石田三成の旧領である近江佐和山に十五万石が新たに与えられ、それまでの所領である上野国のうち三万石を加えて十八万石へと加増された。佐和山を新たな居城とすることになったため、国替えが公表されると、高崎城にいた井伊家家臣団は佐和山城へと移り、直政自身も慶長六年三月には佐和山に入った。このころまでに関ヶ原合戦の戦後処理がほぼ片付き、徳川家重臣としての激務が一段落したので、合戦前からの体調不良を癒《いや》すためにも家康のもとを離れたようである。帰国するとまもなく療養のため湯治に出かけたが、側近を通じて家臣団や領内の統治について指示を出しており、新たな領地のくにづくりにも精力的に動き始めていたことがわかる。

新しい領地に入ってきて最初に整備すべきは、当主の居城である。直政は、これまで城郭があった佐和山に手を加えるのではなく、別の地に新しい城を築く計画を立てる。佐和山城の周囲には平地が少なかったためである。石田時代の侍屋敷や町人地の配置を見ると、それらは東西の山裾に分断されて築かれており、使い勝手がよくなかったようである。戦国時代の城郭は防御を重視して山の上に築いており、佐和山の地形はこのタイプの城郭を築くには適していた。しかし、織田信長の時代以降の城郭は周囲に家臣や町人が集住する城下町をもち、経済活動の活発な都市として作られるようになる。直政も、新しい時代にふさわしい近世的な城下町をもつ城を築こうとしたが、佐和山の山麓には平地が少なく、地形的にそのような城下町を築くことが難しい。そのため、地理的条件のよい近隣の地に新たに城を築くことが検討され、湖岸の磯山《いそやま》へ新たな城を築く案が出された。しかし、慶長七年二月一日に直政が死去したことで、この計画はこれ以上進展しなかった。

翌慶長八年、井伊家重臣の木俣守勝《きまたもりかつ》は家康のもとへ行き、彦根山に築城することを提案し、家康がそれを了承したことで、新たな城地が決定した。守勝の伝記である「木俣土佐

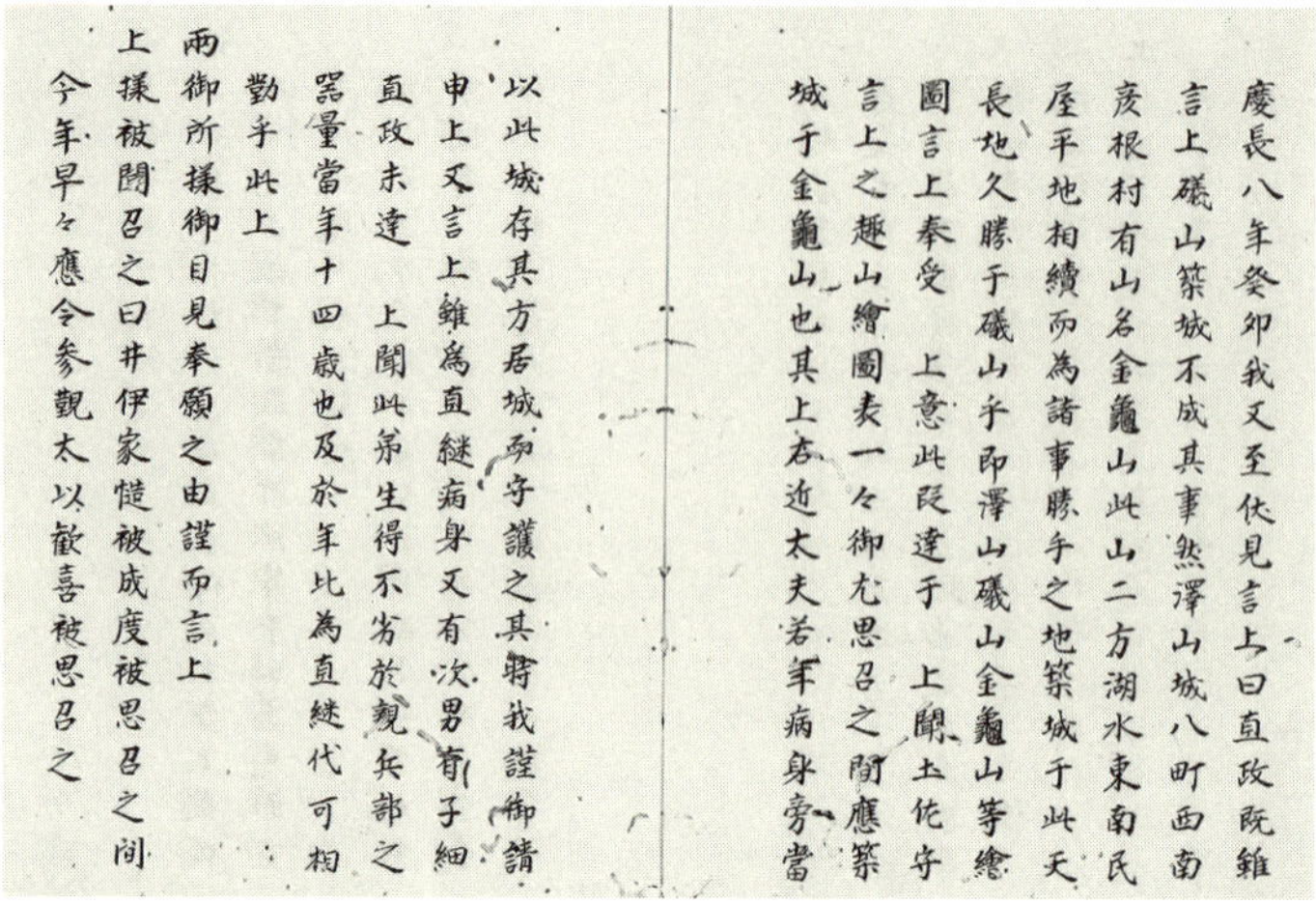
慶長八年癸卯我又至伏見言上曰直政既雖
言上礒山築城不成其事然澤山城八町西南
彦根村有山名金龜山此山二方湖水東南民
屋平地相續而爲諸事勝手之地築城于此天
長地久勝于礒山乎即澤山礒山金龜山等繪
圖言上奉受　上意此段達于　上聞土佐守
言上之趣山繪圖表一々御尤思召之間應築
城于金龜山也其上右近太夫若年病身旁當

以此城存其方居城而守護之其時我謹御請
申上又言上雖爲直継病身又有次男有子細
直政未達　上聞此弟生得不肖於覲兵部之
器量當年十四歳也及於年比爲直継代可相
勤乎此上
両御所採御目見奉願之由謹而言上
上様被聞召之曰井伊家嗣被成度被思召之間
今年早々應令参覲太以歓喜被思召之

木俣土佐守守勝紀年自記（木俣清左衛門家文書、彦根城博物館蔵）

守守勝紀年自記」によると、「佐和山の八町西南にある彦根村に金亀山《こんき》という山がある。二方が湖水で東と南の方向には民家や平地が続き都合がよい。築城するには磯山よりも優れている」として佐和山・磯山・金亀山などを描いた絵図を示して家康に説明すると、家康は納得して金亀山（彦根山）に築城することが決定したという。また、この時家康へ提示した案には、城郭の位置だけでなく、街道につなげる道のルートも含まれていたという。佐和山から彦根へ城地を移すということは、城郭が街道から離れることを意味する。そのため木俣は、そのような弱点を補うような周辺交通網の整備計画もあわせて家康に提案し、それが了承されて実行されたと考えるのがよいだろう。

二期にわたる工事

彦根城は、慶長八年に築城することが決定し、翌九年七月一日に工事を開始した。彦根城の築城は、徳川による「公儀普請《こうぎふしん》」と位置づけられ、徳川によって人材・資金・物資が提供された。工事を主導する奉行が徳川から派遣され、近江周辺の七か国の大名・領主が彦根山を城郭とするための土木工事に動員された。

当初の工事は、彦根山周辺に内堀をめぐらし、城郭を構えて本丸に天守や御殿を築き、芹《せり》川の流路を城下の手前で琵琶湖に流れるように付け替え、城下町の中心となる本町から町割を開始したあたりで一段落した。この一期工事は慶長十二年頃までで休止したようである。工事が再開されたのは、元和《げんな》元年（一六一五）、大坂夏の陣で豊臣氏が滅亡した後のことである。この二期工事では、藩の政庁となる表御殿《おもてごてん》が城山のふもとに造営され、三重の堀をめぐらせた城下町の町割が整えられた。この工事は元和八年（一六二二）までにほぼ完成したと伝わるが、周辺の街道を敷設する工事も同時期に行われたというので、城下町と周辺街道は一体のものとして整備されたといえるだろう。

二　彦根周辺の交通網整備

鳥居本宿と切通し道

彦根城の築城にあわせて、周辺の街道も整備された。その関連性をよくあらわしているのが、鳥居本宿《とりいもとしゅく》と高宮宿《たかみやしゅく》の新設であろう。実はどちらも古くからの宿駅ではない。戦国時代までは近隣に宿駅が置かれていたが、江戸時代初頭に幕府の政策によってこの地に移設されたという共通点がある。

鳥居本宿は、慶長八年（一六〇三）にこの位置に宿駅を置くことが決定したと伝わる。江戸時代中期、彦根藩が鳥居本宿の成立について調査した際の回答書によると、慶長八年、彦根城の地割のために幕府から派遣されて彦根に来ていた奉行の嶋角左衛門が、地割を終えて戻る際に小野《おの》宿の代わりに鳥居本を馬宿とするよう、小野宿で本陣を務めていた庄兵衛らに命じていったという。古代以来の東山道の宿駅は鳥居本の中心部から約一キロメートル南にある小野に置かれていた。関ヶ原合戦で石田三成の佐和山城が東軍に攻撃されて落城した折、小野宿は佐和山城下の地続きの宿駅だったため焼き払われていたが、慶長七

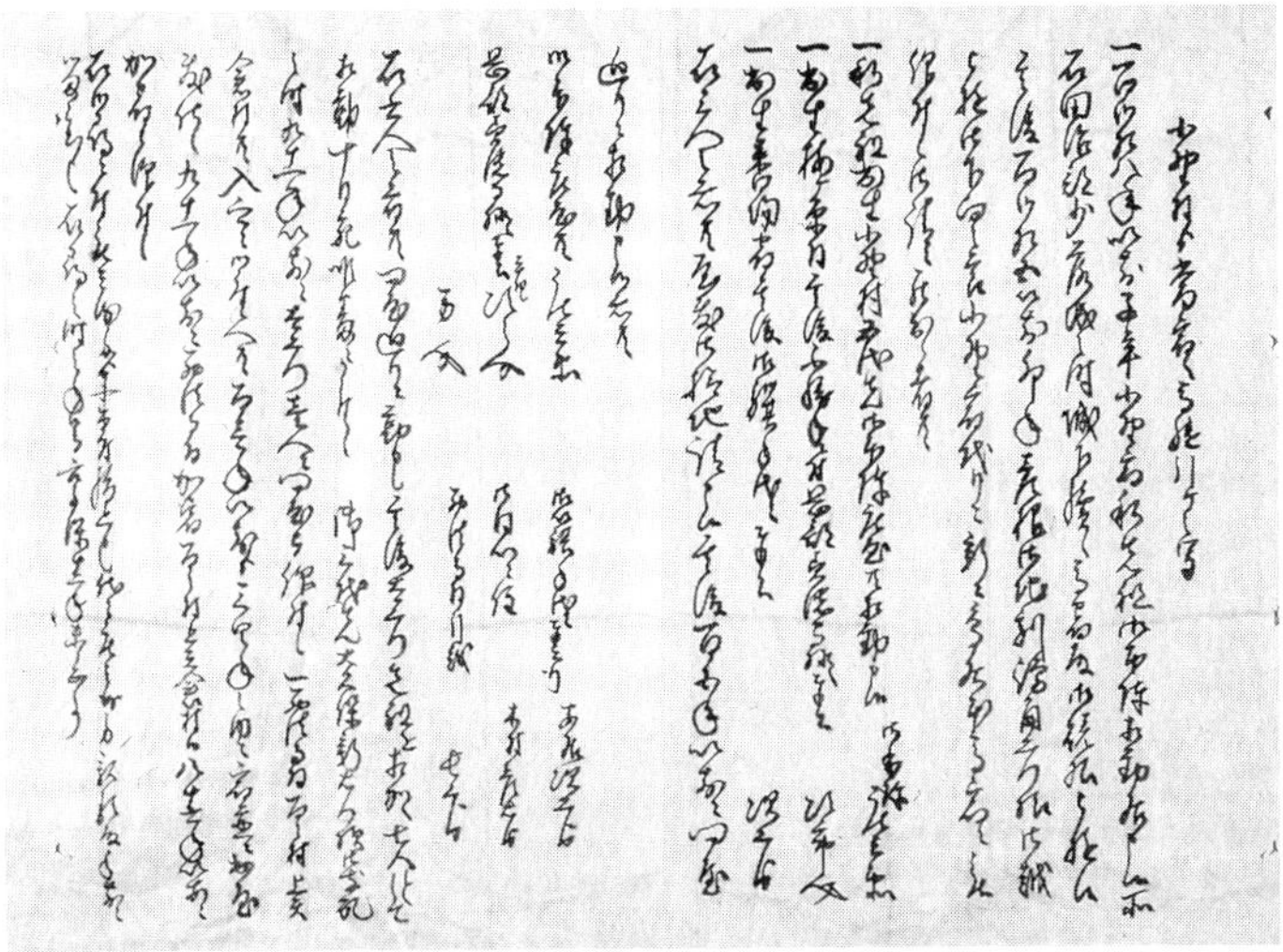

鳥居本宿本陣庄兵衛届書写（岩根順子氏蔵）
江戸時代初期、小野村より鳥居本宿への宿場移設の経緯が記されている。

年六月に江戸町年寄の奈良屋市右衛門と樽屋三四郎が中山道を西上して駄賃額を決定した際には、「小野町中」に宛てて連署状を出しているので、その時点では旧来どおり小野に宿を置こうとしていたことがわかる。ところが、翌慶長八年になり、一旦出された命令を変更して宿の位置を移したのは、彦根城との関係を考えたからに他ならないと思われる。彦根城下町から佐和山南端を越えて中山道につながる道を敷き、その合流点の先に宿場を置くという構想のもと、彦根と中山道をつなぐルートを確定したところ、小野は合流点より南（高宮側）に位置したため、宿駅を合流点の先に移設させたということである。彦根城の地割の担当者が命令していることから考えて、鳥居本への宿駅移設は彦根城周辺の交通網計画の一環であったに違いない。

彦根から佐和山を越える切通《きりとお》し道のルートを確定した上で、合流点より先に宿駅を置くことで、彦根から江戸方面へ荷物を伝馬宿継で送る場合、彦根から鳥居本宿に送れば、そこから中山道の宿駅ごとの宿継を利用することができるようになった。

宿場となる前の鳥居本はどのような様子だったのだろうか。江戸時代中期に調査して作成された佐和山城の遺構図（「佐和山古城図」）を見ると、中山道と佐和山の外堀の間隔は二町（約二百メートル）余りで、佐和山城時代にはそこに足軽町があったと記されている。この記述を信用するなら、鳥居本から佐和山城下の間には足軽が集住しており、佐和山城への入り口周辺を固めていたと考えられる。

そのような鳥居本へ、幕府の命令によって人為的に新たに宿場が築かれた。その中核となったのは小野から鳥居本へ移住してきた本陣の庄兵衛らである。彼らは街道沿いに本陣・脇本陣・問屋などを置き、伝馬継立に従事した。しかし、元からの町場ではない場所へ権力側が主導して宿場を置いたため、当初の居住者は幕府の命令で移住してきた者らに限られていた。宿場は伝馬継立や宿泊などの機能をもつため、それらを負担する大勢の住人が必要であるが、当初は未整備であったことから、寛永十四年（一六三七）頃から彦根藩によっ

佐和山古城図（彦根城博物館蔵）

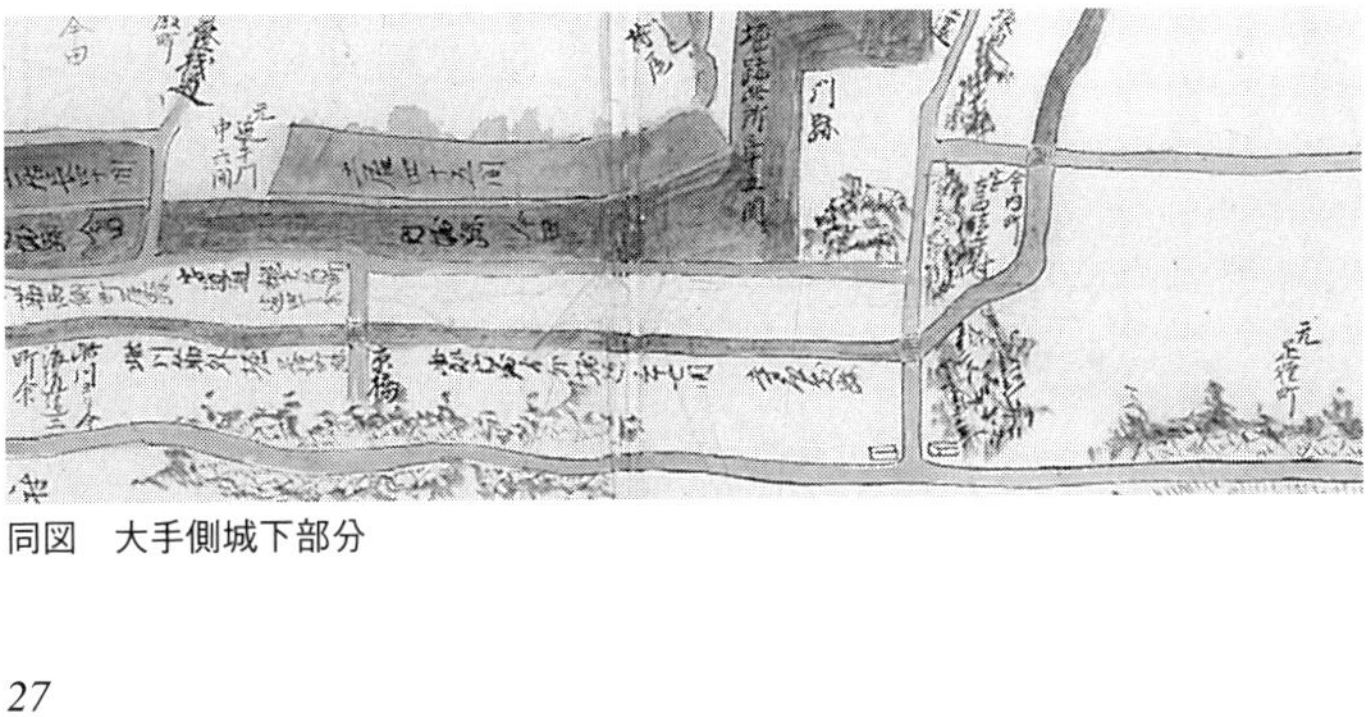

同図　大手側城下部分

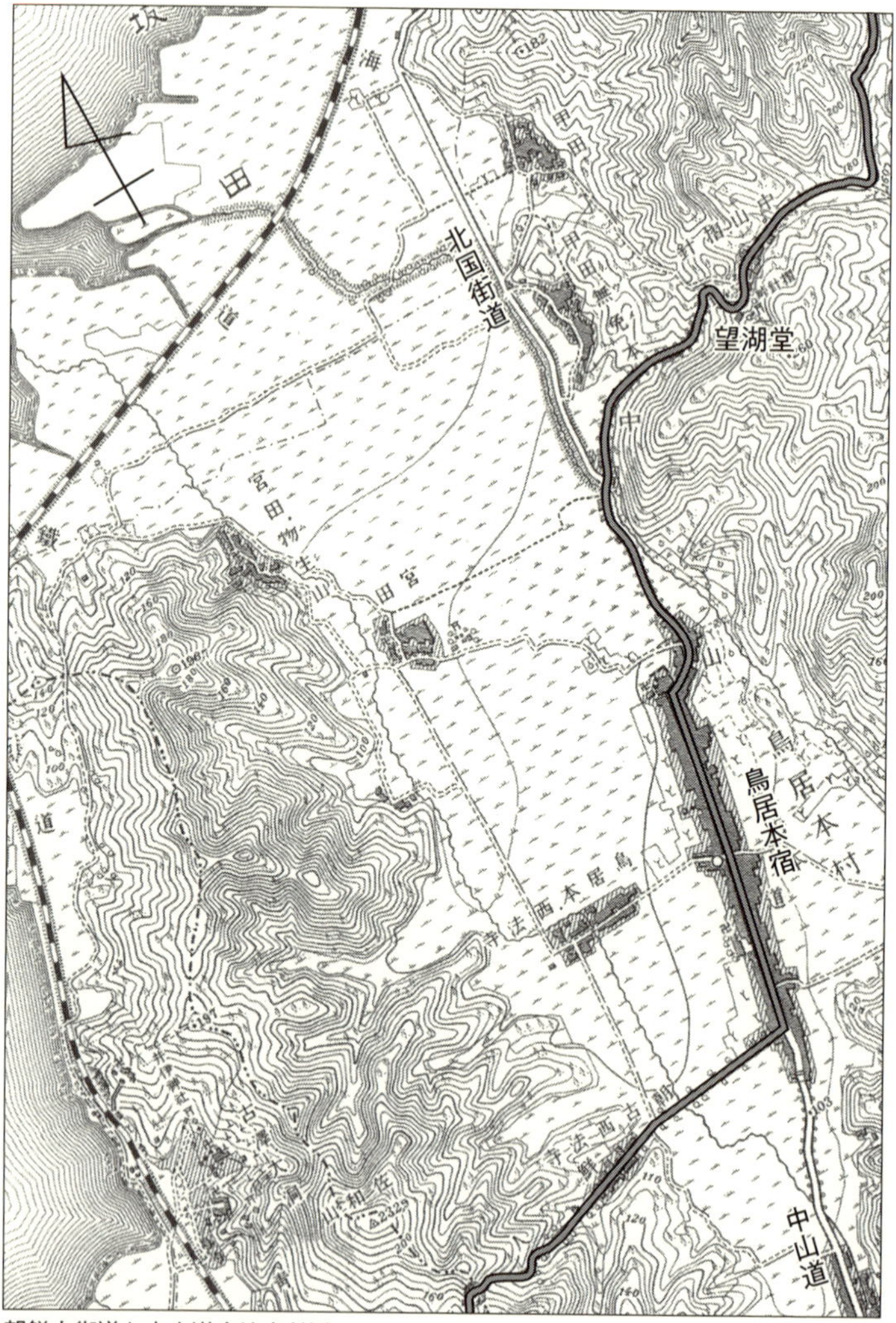

朝鮮人街道と中山道合流点付近
（1893年〈明治26〉測量の大日本帝国陸地測量部による２万分の１地形図「彦根」に加筆）

て鳥居本宿の整備が進められている。それまで問屋役を務めていたのは本陣を含む七名で、十日ずつ交代して務めていたが、それを改めて専従者一名へと固定した。また、周辺の上《かみ》矢倉《やぐら》村、西法寺《さいほうじ》村、百々《どど》村の集落を街道沿いに移し、鳥居本の加宿とした。上矢倉村や百々村は本来は街道より東側の山裾に集落があったが、街道沿いに集められたといい、西法寺村は街道より半町ほど西にあった村を鳥居本村の南に隣接するように移したという。西法寺村の西側、佐和山東麓一帯は江戸時代には「古西法寺村」という村落があり、この村名をもとに考えても、旧来の西法寺村から街道沿いに分離・独立したのが「西法寺村」で、残った集落が「古西法寺村」となったとみてよいだろう。古西法寺村は佐和山城の大手側城下町のあった領域にあたることから、太田浩司《ひろし》氏は旧佐和山城下町に居住していた町人を西法寺村の街道沿いに移転させたと考えられるとしている（太田二〇〇九）。

高宮宿の新設

一方、高宮宿も徳川の時代になって新たに宿駅と定められている。それ以前の宿駅は、高宮から約四キロメートル南方の四十九院《しじゅうくいん》（豊郷町）に置かれていた。当時の高宮は、高宮氏という武家の拠点で、中世には「高宮荘」という荘園もあり、商人市も立っていて、軍事的・商業的に栄えていた地であったことがわかる。交通の面を見ても、高宮の中央で

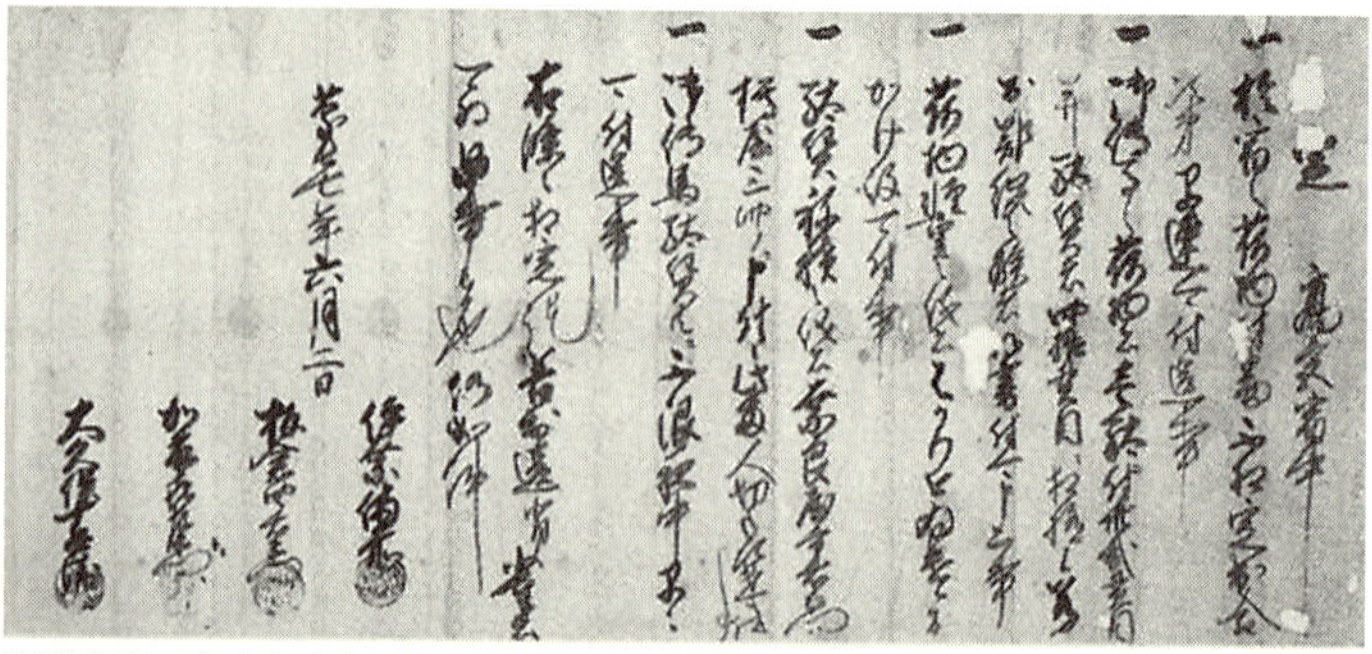

伝馬定書　高宮宿中宛て（塩谷家文書、滋賀大学経済学部附属史料館寄託）
慶長７年（1602）６月、伊奈忠次ら４名が高宮宿中に宛てた伝馬定書。

多賀大社方面へ向かう道が分岐しており、人々の集まる地域の中心地と位置づけられる。

　高宮には慶長七年の伝馬定書が現存しており、徳川の代官が最初に中山道の宿駅を定めた際に高宮に宿駅を置くことを定めたことがわかる。高宮へ宿駅を変更した理由は、一つには、このように高宮が地域経済の中心地で、多賀への分岐点でもあったことが評価されたと考えられる。さらにもう一つの理由として、彦根城との軍事的関係があったのではないかと思われる。慶長七年段階では、彦根山に築城することは決定していなかったが、佐和山周辺に徳川方の拠点となる城を置くことは既定事項であった。敵の軍勢が南から中山道を攻め上がってきた場合、犬上川が第一の防衛ラインとなる。万一の場合には、犬上川の北岸に位置する高宮まで彦根の軍勢を出して軍事拠点にする可能性が想定されて、そこに宿駅を置こうとしたとは考えられないだろうか。

彦根に入る四つの口

鳥居本と高宮から彦根城下町へは、それぞれ脇街道でつなげられた。中山道を江戸方面から来て彦根に向かうには、鳥居本宿の南端で分岐する「切通し道」を通り、彦根城下町に入った。京都側からは、高宮宿を過ぎて次の大堀村で彦根へ向かう「彦根道」を進むと、通称「七曲《ななま》がり」と呼ばれる城下周縁に作られた町を通り、芹川を渡って、城下中心部へと入った。この二方向から彦根に入ってきた道は、城下で宿駅機能をもつ伝馬町《てんまちょう》でつながる。伝馬町は「彦根宿」とも呼ばれ、彦根から鳥居本と高宮へ伝馬継ぎ立てをする拠点であり問屋場が置かれていた。

伝馬町のある通りは、城下町の東側を一直線に貫いており、南端と中程で外堀に架かる橋を渡る。二つの橋の間は中堀と外堀に囲まれた第三郭のエリアとなるが、第三郭の町人町は通称「内町」と呼ばれていた。この通りは江戸時代には「内町大通り《うちまちおおどお》」とも呼ばれており、城下のメインストリートの一つであった。

また、内町大通りの北端には御船入という船着き場が置かれていた。松原湊から内湖を通り船で運ばれてきた物資はここで荷揚げされ、その周辺には荷物の保管・輸送に従事する者が集住した。つまり、内町大通りには陸上交通と湖上交通の両方の拠点が集められていたのである。

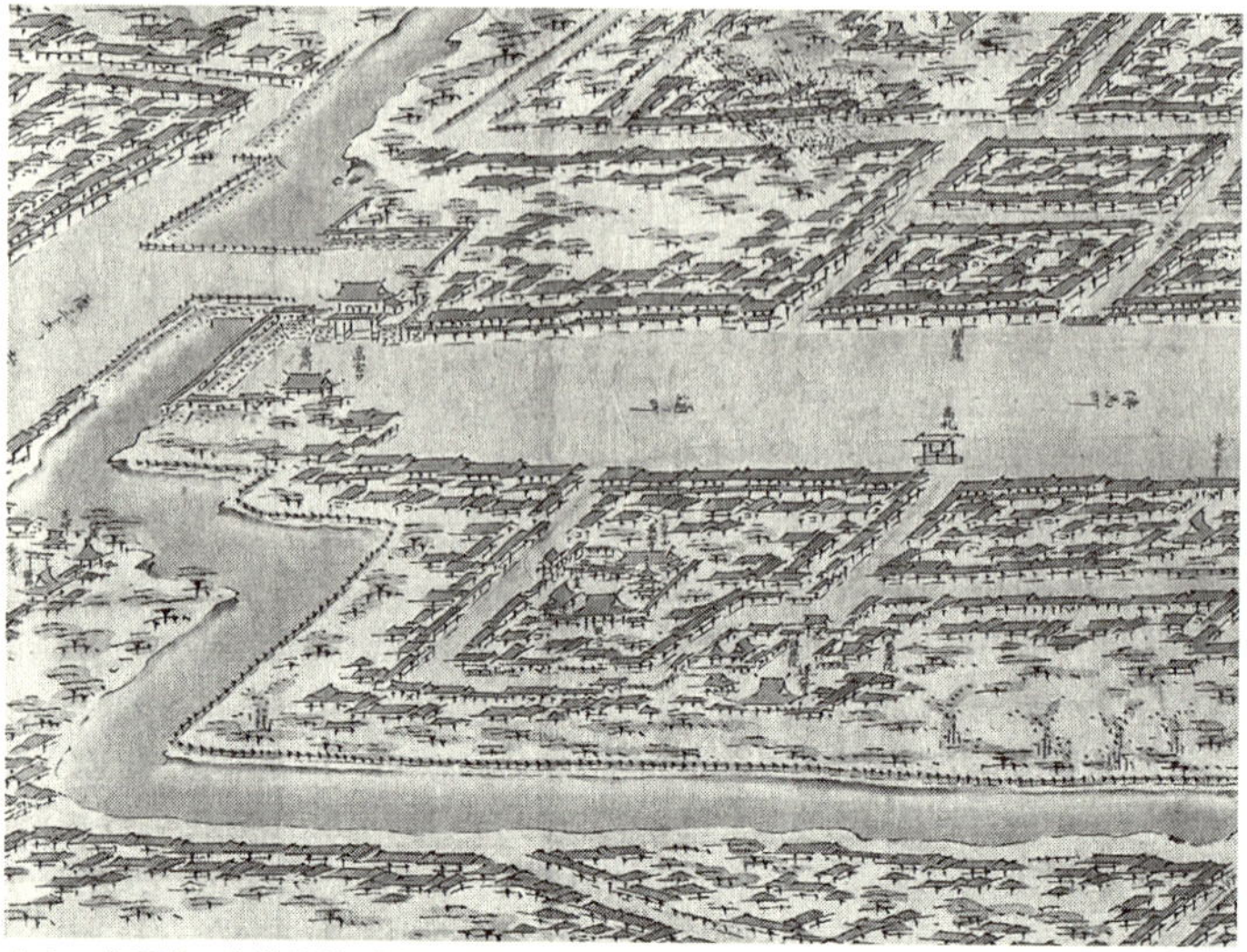

高宮口御門「五街道其外延絵図 朝鮮人街道 巻第1」より（Image：TNM Image Archives）

このようにして鳥居本宿から彦根城下に引き込まれた街道は、一方で朝鮮人街道の一部でもあった。彦根城下を貫いた街道は、芹川を越えてすぐに左折すると高宮方面へ向かうことになるが、そのままっすぐ南下したのが朝鮮人街道である。

内町大通りには、彦根城下へ入ってくる三つの街道と、湖上水運の終着点である御船入が集められている。この四つの口を一つの通り沿いに集約したのは、城下町の都市計画によるものと考えられる。

では次に、朝鮮人街道はどのような構想のもと、どのような経過をたどって整備されたのかを考えていきたい。

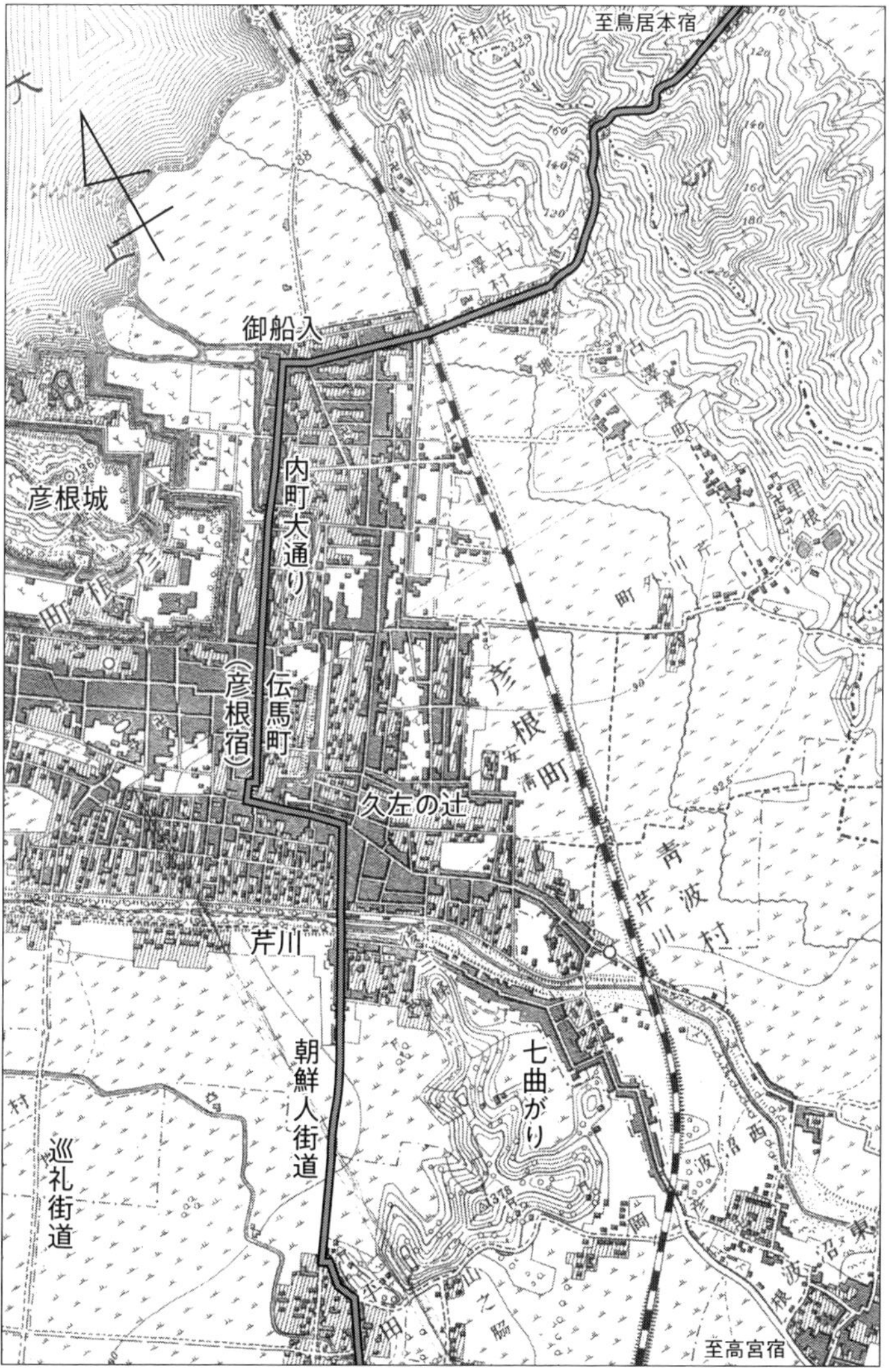

朝鮮人街道　彦根城下町付近
(1893年〈明治26〉測量の大日本帝国陸地測量部による２万分の１地形図「彦根」および「高宮」に加筆)

コラム

内町大通り

彦根城下町に入り込んだ朝鮮人街道は、御船入から高宮口御門まで城下町の東側を一直線に通っている。中ほどに外堀を渡る切通口の橋が架かり、そこから高宮口御門までは内町（中堀と外堀に囲まれた第三郭）である。内町部分の中央には彦根城下町で宿場機能を担った伝馬町があり、問屋場などが置かれた。

この通りを「内町大通り」と表記している絵図がある。鳥居本宿で脇本陣兼問屋を勤めた高橋家に伝来した「彦根道図」（滋賀大学経済学部附属史料館蔵）で、伝馬町の通りを「内町大通り」、その東側で瓦焼町・東新町・江戸町・登り町を通り、久左《きゅうざ》の辻《つじ》へとつながる通りを「外町大通り」と表記している。現在、「内町大通り」と表記する史料はこの一点しか確認できていないが、二〇〇二年の中山道四〇〇年記念にあわせて開催した彦根城博物館の展覧会『彦根と鳥居本・高宮―城下町の玄関口―』でこの絵図を初めて展示公開し、その成果を盛り込んだ『城下町彦根―街道と町並―』（サンライズ出版）でも紹介したことで知られるようになった。近年では『新修彦根市史　景観編』でもこの表現が使われており、城下町の通りを示す名称として定着した感がある。

絵図の性格に則してこの表記を検討しておきたい。

この絵図は、中山道の鳥居本宿・高宮宿それぞれから彦根城下町に通じる街道の概略図であり、鳥居本宿の問屋に伝来したことから考えても、実際に中山道と彦根を行き来していた人によって描かれたとみられる。そうであれば、少なくとも鳥居本宿の宿場関係者はそのように呼んでいたのであろう。

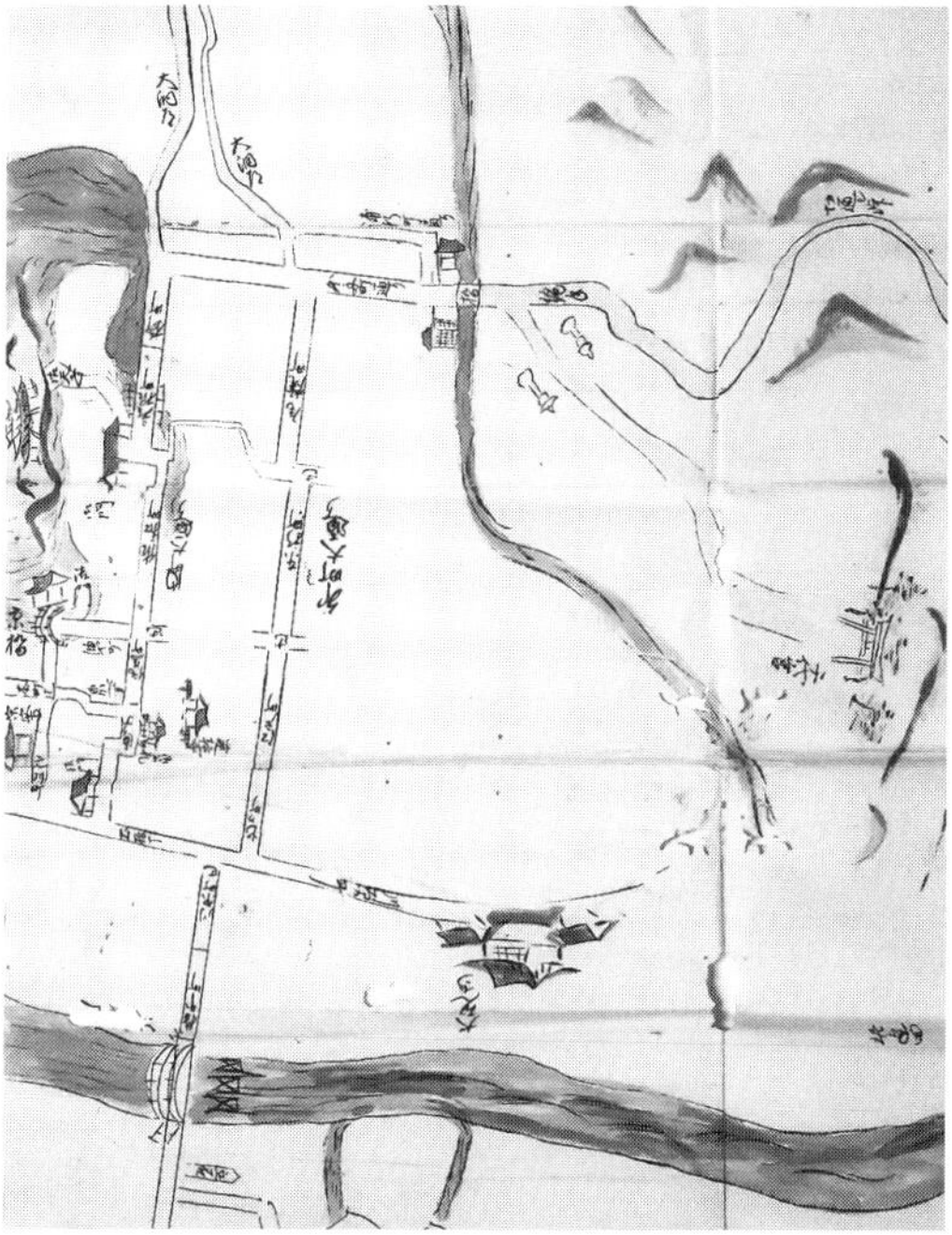

彦根道図（部分、高橋家文書、滋賀大学経済学部附属史料館蔵）

一方で、城下町の人々がそのように呼んでいたという確証はない。

彦根城下町に住む人々にとって城下の中心地は本町周辺である。本町は、彦根城を築いた際にここから城下町の町割りを開始したと言われ、城下五十三町の中で筆頭の格式を誇った。本町を通る京橋通り周辺には藩の御用を勤める上層町人が多く

内町大通り　旧佐和町一帯　2002年撮影
約20年前までは伝統的な町屋が建ち並んでいたが、道路拡幅工事によりその景観は一変してしまった。

住む。城下の人々にとって内町の中心は京橋通り周辺という意識があり、伝馬町通りのことを「内町大通り」と呼ぶとは考えにくい。城下町の住人の間では、伝馬町で作成された町内絵図（『伝馬町文書』彦根城博物館蔵）に記されるように、「伝馬町通り」「白壁町通り」など、町名を冠して呼ぶのが一般的だったのではないだろうか。

中山道から彦根城下へと入ってくる者が日常的に通行する道が内町大通りと外町大通りの二本の通りだったため、それらを区別するために「内町」と「外町」を冠して呼ばれたのではないだろうか。そのように考えると、この名称は城下町の外で呼ばれていたことになり、中山道から引き入れられた脇街道の名称としてふさわしいものといえよう。

第二章　朝鮮人街道の成立

一　全国の街道からみた朝鮮人街道

街道の管轄と機能

朝鮮人街道は、中山道の行畑《ゆきはた》（野洲市）から琵琶湖側に分岐して、八幡《はちまん》町の中を通り、安土城下、能登川《のとがわ》の集落、山崎山麓を通って彦根城下に入り、鳥居本宿で再び中山道に合流するまでの約四一キロメートルにわたる街道である。江戸時代、全国の街道は幕府や藩が整備していたが、重要度に応じて管轄する機関が異なった。現代の国道・県道・市道といった違いのようなものである。朝鮮人街道は、全国の街道の中でどのような位置づけだったのだろう。

江戸幕府が整備した街道といえば、まず「五街道」と総称される東海道・中山道・日光道中・奥州道中・甲州道中が有名である。これらの街道は幕府が伝馬制を敷いて江戸と主要地を結ぶ基幹道路として整備したものであるが、道中奉行《どうちゅうぶぎょう》という部局が管轄した。そのほかに、大垣から名古屋方面へ向かい東海道とつながる美濃路、浜名湖の北側を通る本坂《ほんざか》通（姫街道）などは五街道の附属街道と位置づけられており、五街道と同様に整備されて道中奉行の管轄下にあった。それに対して、山陽道・北国街道をはじめとする全国をつなげる街道は脇往還《わきおうかん》と呼ばれている。勘定《かんじょう》奉行の支配下にあったが、各領主が整備を担うという違いがあった。

道中奉行は江戸時代後期に五街道とその附属街道の「見取延絵図《みとりのべえず》」を作製している。寛政十一年（一七九九）から事業を開始し、文化三年（一八〇六）に完成した。作製にあたって現地に役人が派遣されて調査が実施されており、街道はデフォルメされて広く描かれているが、全体として詳細で正確に描写されているという特徴がある。この時作製された街道の一つに「朝鮮人道」がある。「朝鮮人道見取絵図」として二巻本が作製された。このことは、朝鮮人街道が道中奉行の管轄する街道であったことを意味するといえよう。

伝馬町に置かれた「彦根宿」

街道上の宿駅という点から見ると、寛文九年（一六六九）二月十八日、道中奉行が中山道の宿駅へ一斉に発した文書の宛先に「彦根」が確認できる（『近世交通史料八　幕府法令』）ため、道中奉行は彦根城下町の中に置かれた宿駅を中山道の宿駅と同様に扱っていたことがわかる。彦根宿が道中奉行の管轄下に置かれたのは寛文六年のことで、伝馬町の中に伝馬役を勤める問屋が設置された。

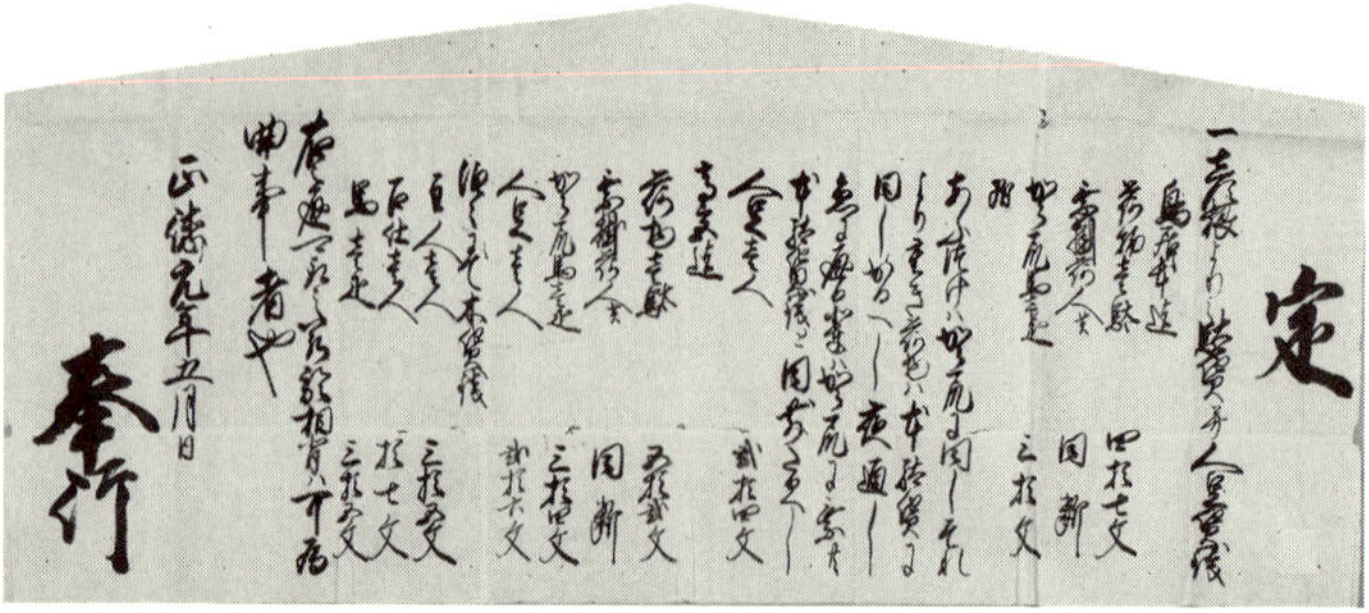
定
正徳元年五月日
奉行

伝馬町高札写　駄賃定（伝馬町文書、彦根城博物館蔵）
「彦根宿」に掲げられた高札の原寸大写し。鳥居本と高宮までの駄賃が表示されている。

ただ、他の宿と異なり、伝馬宿継で送られてきた荷物を次の宿まで送る機能は持っていない。彦根へ届けられた荷物を受け取るのと、彦根から鳥居本と高宮へ荷物を運び出す作業に限られた。それらを輸送するための人足と馬を置くことも、他の宿と同様に定められている。本来二十五人・二十五疋《ひき》であったが、実際には日常的な需要はそれほどなく、江戸時代後期には六〜十疋ほどに減少している。

一方、彦根から朝鮮人街道をそのまま南下、八幡町方面へ進むルートでは、伝馬継立は常置されていなかった。延享《えんきょう》三年（一七四六）に幕府から派遣された巡見使《じゅんけんし》が伝馬町へやってきたとき、町の代表者は「彦根伝馬町は中山道の内ではあるが、常式往来などはないので、所の付出し荷物ばかりを鳥居本宿・高宮宿まで送っている。御巡見様御用の人馬や朝鮮人御用の節は、領内の内、鳥居本宿・番場宿・高宮宿・愛知川宿より人馬を呼び寄せて御用を務めている。もっとも、伝馬町に助郷は定められていない」と述べている（「御巡見・朝鮮人御用留」『伝馬町文書』)。公的な用件でこのルートを通るのは、朝鮮通信使、幕府巡見使といった臨時の通行に限られていたため、必要な場合は彦根領内の中山道四宿(番場・鳥居本・高宮・愛知川)より人馬を集めて伝馬町の御用を勤めたということである。

このように、朝鮮人街道は、幕府の管轄という点では中山道と一体的に把握されており、彦根城下町に入り込むように設置されたバイパスというべき性格をもっていた。ただし、通行は限定的で、特に彦根以南は日常的に幕府公用の通行が想定されていなかった。他の街道と比較すると街道の機能は限定的であったといえる。

朝鮮人街道の名称

街道の名称は、現在では「朝鮮人街道」が一般的であるが、江戸時代は一つの呼び名が定まっていたわけではない。道中奉行が作製した「見取延絵図」の表題は「朝鮮人道」と記されている。この絵図は文化三年(一八〇六)に完成しているため、その時点までに幕府での公的な名称が「朝鮮人道」とされたと理解することはできる。ただ、「見取延絵図」作製時に現地調査した成果をまとめた「中山道宿村大概帳」には、この道筋が「御上洛道」あるいは「朝鮮人来朝道」と呼ばれていたと記されている。

地元の史料を見ても、この二系統を含む多様な呼び名が存在していた。地元で作製された

各種史料にみる「朝鮮人街道」の表記

表記	史料名	史料所蔵者	年代	出典
美濃下海道	江州栗太・野洲・蒲生郡之内絵図	野洲市歴史民俗博物館	寛永18年(1641)	『街道開設四百年記念中山道』
佐和山海道	東海道・中山道・甲州街道図屛風	篠山市立歴史美術館	江戸時代前期	
朝鮮人通り筋	未歳朝鮮人来朝御触書留	江頭自治会共有文書	宝暦12年(1762)	『近江八幡の歴史』第1巻
朝鮮人街	小篠原村往還絵図	個人	寛政13年(1801)	『街道開設四百年記念中山道』
御上洛道	中山道宿村大概帳		享和3年(1803)頃調査	『近世交通史料集』
朝鮮人来朝道	中山道宿村大概帳		享和3年(1803)頃調査	『近世交通史料集』
朝鮮人道	朝鮮人道見取絵図	東京国立博物館	文化3年(1806)	
御所海道	街道筋人馬継立届書	猪子共有文書	天保8年(1837)	『東近江市史　能登川の歴史』資料編近世96
唐人海道	江頭村・十王町絵図	江頭自治会共有文書	江戸時代	『近江八幡の歴史』第1巻
唐人海道	犬上川手画図	滋賀県立図書館	江戸時代	近江デジタル歴史街道
唐人海道	犬上郡蓮台寺村耕地絵図	滋賀県立図書館	［明治4年］	『彦根　明治の古地図』
唐人海道	犬上郡小泉村耕地絵図	滋賀県立図書館	［明治4年］	『彦根　明治の古地図』

絵図や文書の中から朝鮮人街道を指す表現を集めてみた。これを見ると、朝鮮人の通行に由来する名称としては「朝鮮人街」「唐人海道」などがある。特に彦根藩領で作製された絵図では「唐人海道」が集中して見られる。そのうちの一枚、「犬上川手画図」(滋賀県立図書館蔵)は、作製年代は不明であるが、川の中心を結んでその距離を計測して書き込んだもので、川周辺の構造物なども詳細に描写されていることから、彦根藩の公用として作製されたと想定で

きる。また、明治初期に作製された村ごとの耕地絵図でも、朝鮮人街道が通っていた蓮台寺《れんだいじ》村、小泉村の絵図に「唐人海道」という街道名の書き込みが見られ、それ以外の名称を記す例は見当たらない。彦根藩や地元では「唐人海道」が公的な呼び名の一つであったと思われる。将軍上洛に由来する名称は、能登川周辺で「御所海道」が見られる。そのほか、信長時代以来の呼び名である「下街道」や、佐和山（彦根）方面に向かうことから「佐和山海道」という名称もある。

現地に建つ道標の表記では、鳥居本側の分岐点では「彦根道」、野洲側の分岐点には「八まんみち」とあり、八幡町内に建てられた道標には「京道」と刻まれている。道標は旅行者へ便宜をはかって道の先にある地名

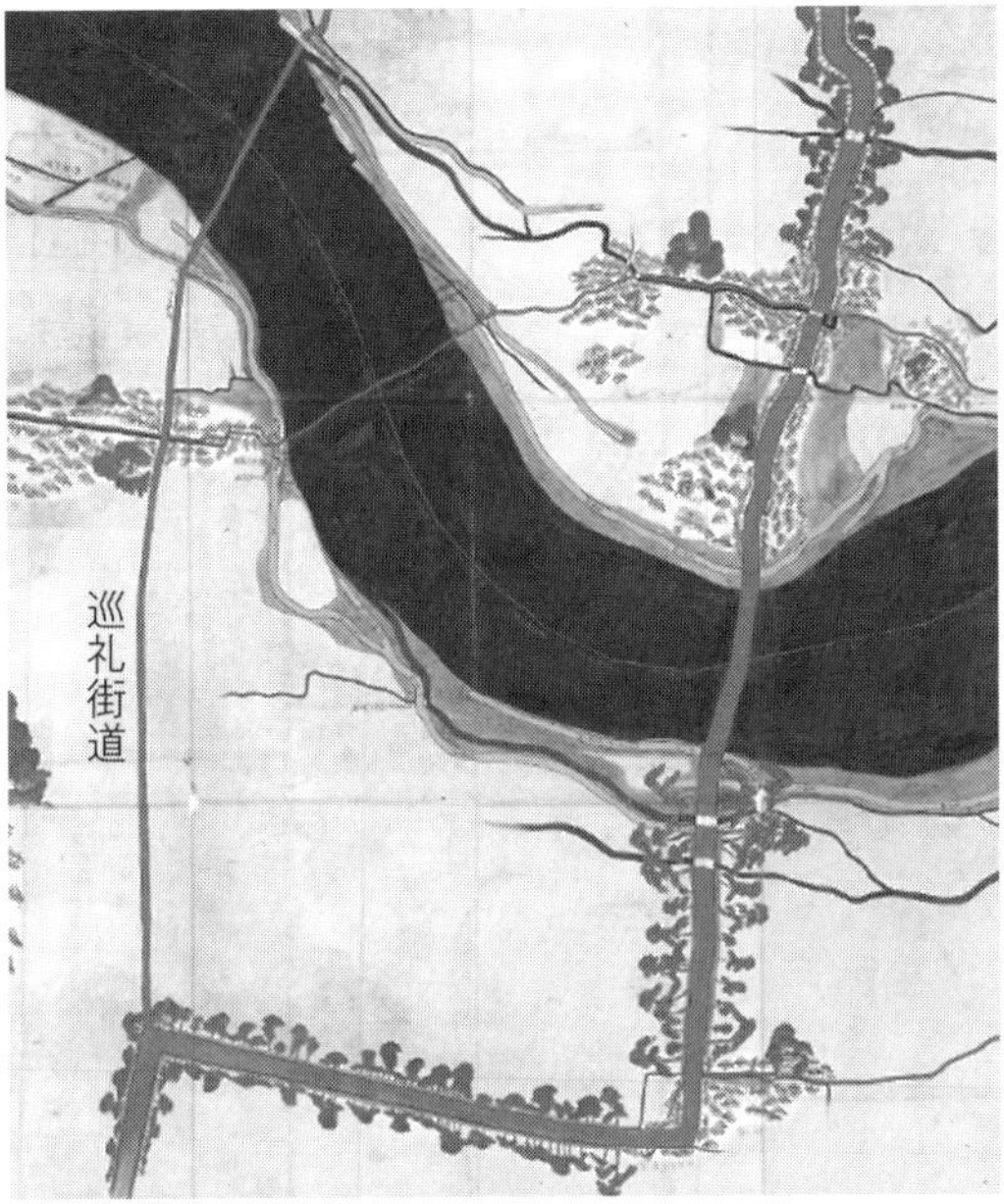

犬上川手画図（部分、滋賀県立図書館蔵）
両脇に松並木が描かれるのが朝鮮人街道。甘呂村近辺で巡礼街道と分岐する。

東海道・中山道・甲州街道図屏風（部分、篠山市立歴史美術館蔵）
朝鮮人街道が「佐和山海道」と表記されている。

を表示するものであるため、このような表記となったのであろう。

このように、江戸時代の間は朝鮮人街道には様々な呼び名があり、特定の名称に定まっていたわけではない。その代表的なものの一つが朝鮮通信使の通行に由来していたが、「朝鮮人」「唐人」という語は使っていても、「朝鮮人街道」という呼称は一般的ではなかった。

「朝鮮人街道」という名称が定着したのは明治初年である。明治時代になり、政府が道路を管轄するようになると、地域ではさまざまな名称で呼ばれていた道路に統一した公式名称がつけられることになった。明治二年（一八六九）の段階では、街道沿いの村が並木の本数を調べて大津県へ提出した書類で、「朝鮮人街道」のほか「朝鮮下街道」「朝鮮人往還」「唐人街道」

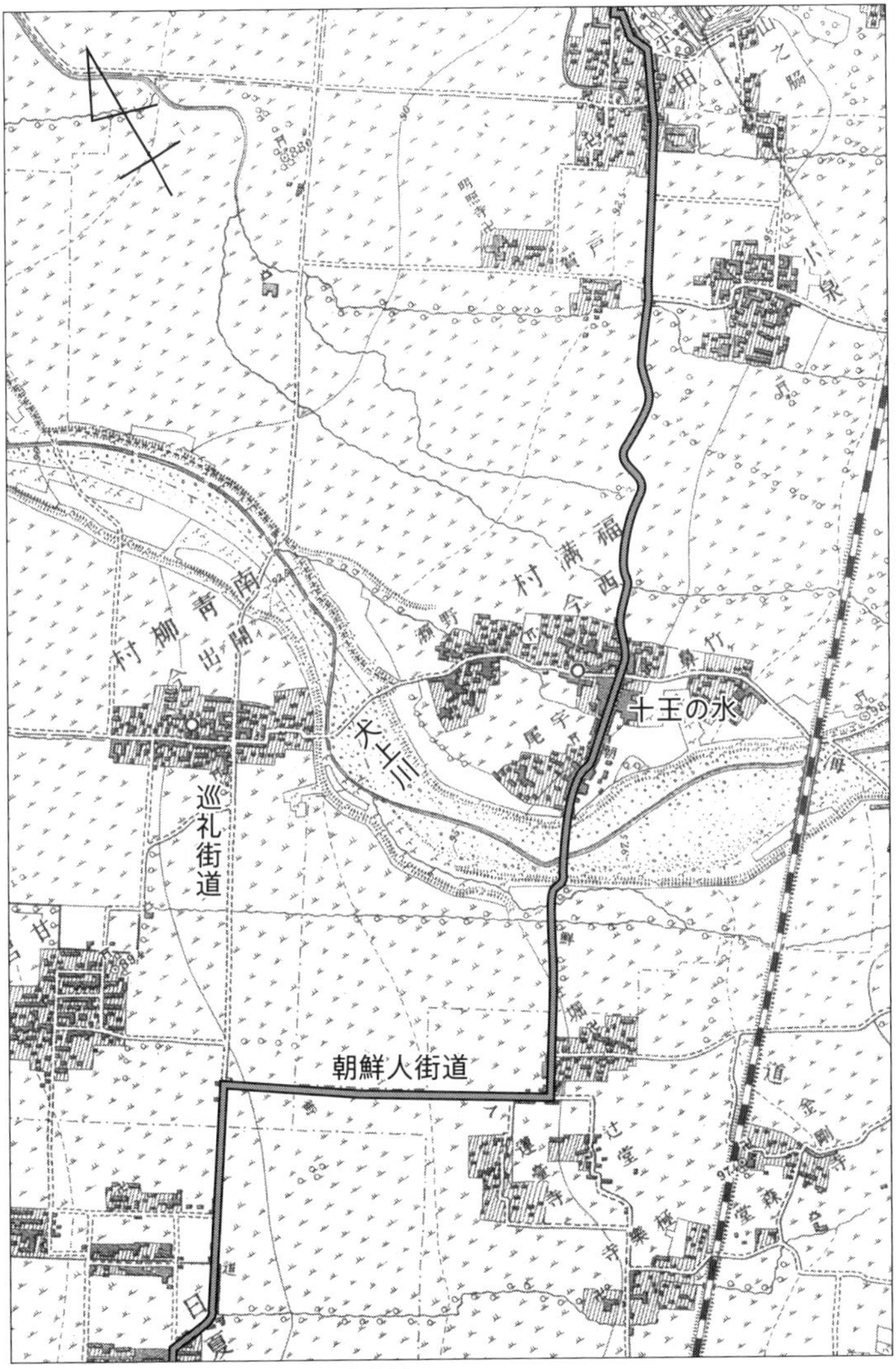

朝鮮人街道　巡礼街道との分岐点付近
（1893年〈明治26〉測量の大日本帝国陸地測量部による２万分の１地形図「高宮」に加筆）

鳥居本の道標「彦根道」

といった名称で街道をあらわしており、それらを集計した県の書類には「江州八幡街道」と表記されている（『滋賀県歴史的文書』）。この段階ではいまだ「朝鮮人街道」の名称が統一していなかった。それが統一されたのは、政府が全国の道路を統一的に把握しようとする動向の中であった。明治六年八月、大蔵省は河港道路修築規則を定めて全国の河川・港・道路に一等から三等までの等級をつけて修築費の分担割合の基準を示す。それを受けて滋賀県では、翌七年五月に県内の道路に等級を定め、「朝鮮人街道」を西近江路や北国脇往還などとともに二等道路に区分した（滋賀県県政史料室、大月英雄氏よりのご教示による）。これ以降、県の文書では「朝鮮人街道」と表記されることになる。政府が道路という公共財を管轄するようになり、その名称が統一されたのであった。

二　天下人の通る街道

信長が整備した下街道

朝鮮人街道は江戸時代に入り、徳川幕府によって整備されたが、その元となる街道はそれ以前から存在していた。

織田信長は安土城を築いた際、安土城下から佐和山方面と京都方面につながる「下街《しもかい》道《どう》」を整備したことが知られている。信長は、安土山のふもとに城下町を築いて町人を居住させたが、この「安土山下町《あづちさんげちょう》」に対して出した有名な掟書《おきてがき》がある。そこには楽市楽座《らくいちらくざ》や諸役諸公事《くじ》免除といった城下居住者に対する優遇策が示されているが、この中に「下街道」が登場する。街道を往来する商人たちに対して、従来からある上街道（東山道）を通らず、下街道を利用して安土山下町に宿泊するようにと命じている。信長は、安土城下町へ人々を誘導して城下での商業活動を発展させようとしたのであった。

信長が下街道の整備を始めた年代は明らかではないが、安土城の築城計画と一体だとすると、天正四年（一五七六）の安土城築城に近い時期と考えることができる。『信長公《しんちょうこう》記《き》』天正三年冒頭に「去年月迫に国々道を作るべきの旨、坂井文介・高野藤蔵・篠岡八右

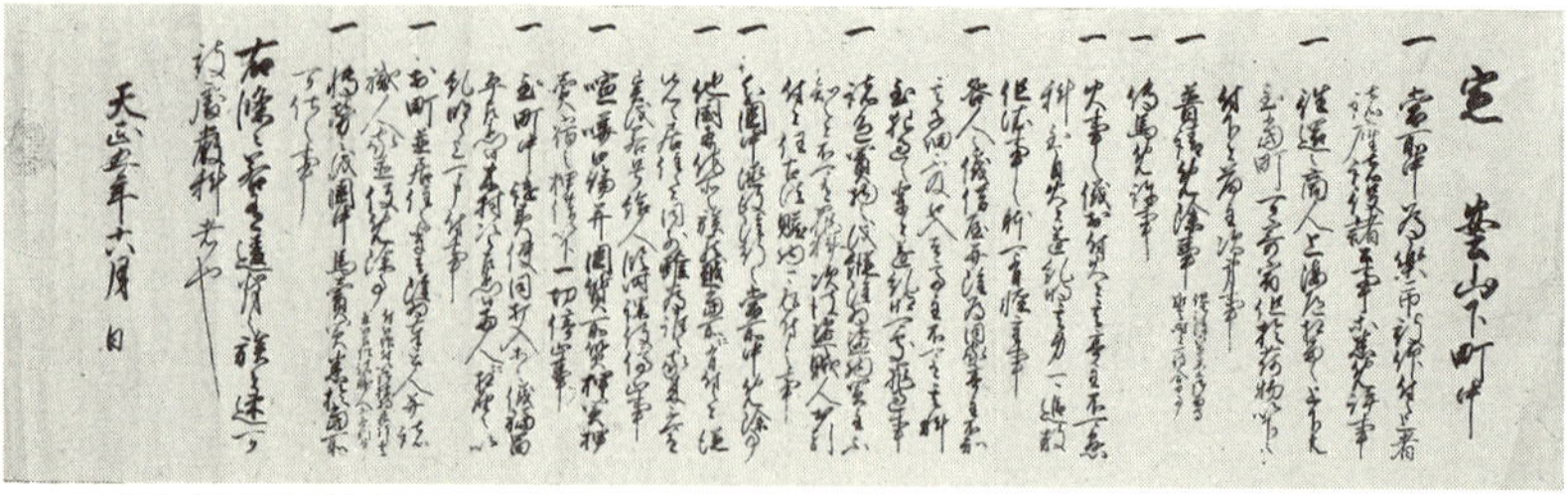

安土山下町中掟書（近江八幡市蔵）

衛門・山口太郎兵衛四人御奉行として仰せ付けられ、御朱印をもって御分国中御触これあり。程なく正月中出来訖。江川には舟橋仰せ付けられ、峻路を平らげ、石を退けて大道とし、道の広さ三間に中路辺の左右に松と柳植置く」とあり、場所は特定できないものの、信長が天正二年の年末から道路整備を開始していたと記されている。また、天正三年七月には瀬田橋が完成しているが、高木叙子氏によると、瀬田橋の完成は信長の交通路に大きく影響を与えたという。瀬田橋の完成以前、信長は琵琶湖の湖上水運を使って上洛する例が多かったが、瀬田橋の完成により佐和山から安土・永原・瀬田橋と、陸路を使うことが増え、これにより天候に左右されず迅速に大量の軍勢を動かすことができるようになったという（高木二〇〇六）。ここから、信長の嫡男信忠がいる岐阜城と京都を結ぶ街道を整備し、京都から一泊目となる地点にみずからの居城を築くという信長の交通政策を見いだすことができる。そのように考えれば、『信長公記』に記されている天正二年末からの道路整備は下街道も整備対象に入っていたと想定でき、安土・佐和山間の街道で道幅を拡げ、道の両側に松や柳を植えるという整備が行われたことになる。

天正十年六月の本能寺の変によって安土城は落城するが、その後まもなく豊臣秀次《とよとみひでつぐ》によって八幡山城が築かれると、下街道はその城下町を貫くことになり、引き続き往来に使われた。その結果、琵琶湖東岸には東山道と下街道という二本の街道が並行して通ることとなった。徳川家康が関ヶ原合戦で勝利して上洛する際に通ったのがこの下街道と伝わる。

将軍上洛の二ルートと御茶屋御殿

近世初期の下街道の位置づけを見ると、第一に将軍の上洛道としての性格がある。関ヶ原合戦に勝利し、徳川が江戸に幕府を開いても、依然として政治の中心地は京・大坂にあったため、家康はしばしば江戸から上洛した。家康は、関ヶ原合戦で勝利し、その戦後処理のために上洛して以来、死去するまでに関東と京都の間を九回往復している。続く将軍秀忠は七往復、家光は三往復しているが、その上洛ルートを見てみると、尾張まで東海道を進むのは変わらないが、その先は、桑名から鈴鹿峠を越えて水口《みなくち》を通る東海道ルートと、美濃路を通って岐阜または大垣を経て彦根に入り、翌日は下街道を使って永原を通るルートの二つがあった。どちらを通ったか確かめられない年次もあるが、少なくとも家康と秀忠は七回、家光は

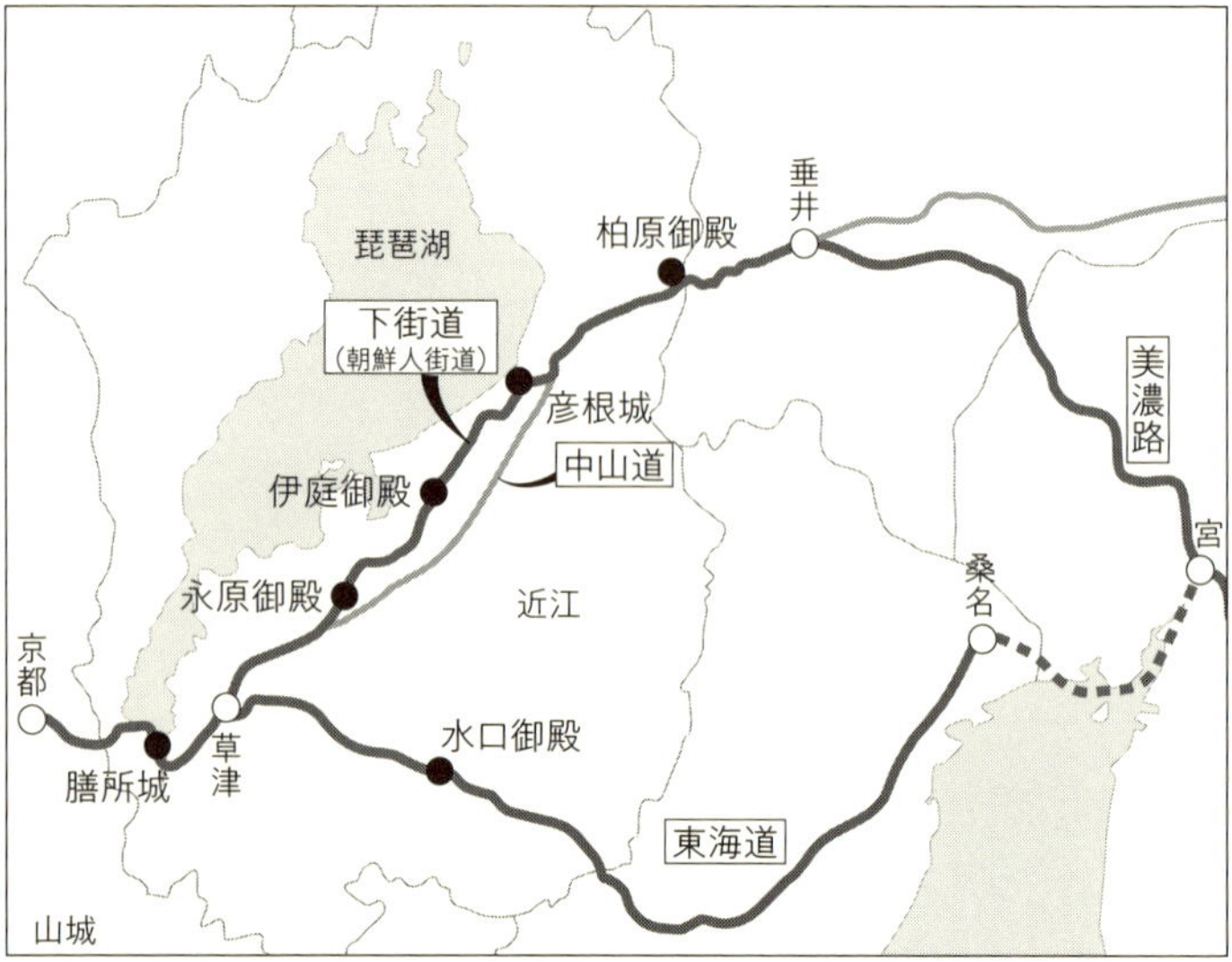

将軍上洛道と近江の御殿

二回、美濃路〜下街道ルートを通っている。一方、美濃路を通りながら下街道を通らず、鳥居本からそのまま中山道を進んだことは一度もなかった。

将軍上洛ルートを見ると、江戸から尾張までの東海道には、大御所《おおごしょ》時代の家康の居城であった駿府《すんぷ》城をはじめ、小田原・掛川・浜松・岡崎・名古屋など、徳川一門・家臣が城主を務める城が連なっている。将軍はこれらの城に宿泊し、城郭がない地では休憩・宿泊する施設として御茶屋御殿が建てられた。近江の美濃路〜下街道では、次の通り将軍の休憩・宿泊所が設けられた。

柏原《かしわばら》御殿

彦根城

伊庭《いば》御殿
永原御殿
膳所《ぜぜ》城

京都を基点として半日で進める地点ごとに城または御殿が設置された。

これらの御殿設置場所も、信長時代の影響を受けている。信長は岐阜と京都を行き来する道中で、柏原、佐和山城、安土城（築城前は常楽寺）、永原城、瀬田城を主な宿泊場所としていた。柏原では、信長は当初、成菩提院《じょうぼだいいん》を御茶屋としたが、のちに休息専用の施設を建てたという。徳川の時代にも、柏原に御茶屋御殿を建てて利用している。永原も、江戸時代の御茶屋御殿は信長が宿泊した永原城とは別の場所に建てられたが、彦根から一日で到着できる距離にある永原が翌日の宿泊地としてふさわしかったのであろう。伊庭御殿は、彦根と永原の中間に位置する。ここに御殿が建てられた時期は明らかではないが、元和九年（一六二三）の将軍上洛時にはすでに存在していた。伊庭は、安土から二キロメートルほど彦根側にあり、中世には伊庭庄、戦国時代には六角氏の守護代伊庭氏の伊庭城があり、地域の有力拠点であった。

徳川将軍の上洛・帰国日程

徳川家康

年代		出発日	目的	道程	彦根（佐和山）滞在日
慶長５	1600	９/15関ヶ原	関ヶ原合戦後	美濃路	９/16・17 正法寺山
慶長６	1601	10/12伏見	帰国	美濃路	10/13 泊
慶長７	1602	１/19江戸	上洛	東海道	
慶長７	1602	10/２伏見	帰国	東海道	
慶長７	1602	11/26江戸	上洛	未詳	
慶長８	1603	10/18伏見	帰国	東海道	
慶長９	1604	３/１江戸	上洛	未詳	
慶長９	1604	閏８/14伏見	帰国	未詳	
慶長10	1605	１/９江戸	上洛	東海道	
慶長10	1605	９/15伏見	帰国	美濃路	９/16 ～佐和山泊
慶長11	1606	３/15江戸	上洛	美濃路	４/ ４佐和山
慶長11	1606	９/21伏見	帰国	東海道	
慶長16	1611	３/６駿府	上洛	美濃路	３/15 彦根
慶長16	1611	４/18京都	帰国	美濃路	４/19 彦根
慶長19	1614	10/11駿府	大坂冬の陣	美濃路	10/21 佐和山
元和元	1615	１/３京都	帰国	東海道	
元和元	1615	４/４駿府	大坂夏の陣	東海道	
元和元	1615	８/４京都	帰国	東海道	

徳川秀忠

慶長10	1605	２/24江戸	上洛	美濃路	３/14・15 佐和山泊
慶長10	1605	５/15伏見	帰国	東海道	
慶長19	1614	10/23江戸	大坂冬の陣	美濃路	11/ ５佐和山
元和元	1615	１/28京都	帰国	東海道	
元和元	1615	４/10江戸	上洛	東海道	
元和元	1615	７/19伏見	帰国	美濃路	７/20 彦根
元和３	1617	６/14江戸	上洛	美濃路	
元和３	1617	９/13伏見	帰国	美濃路	９/14 彦根
元和５	1619	５/８江戸	上洛	東海道	
元和５	1619	９/18伏見	帰国	美濃路	９/19 彦根
元和９	1623	５/20頃江戸	上洛	美濃路？	
元和９	1623	閏８/21京都	帰国	美濃路	閏８/22 彦根
寛永３	1626	５/28江戸	上洛	東海道	
寛永３	1626	10/６京都	帰国	未詳	

徳川家光

元和９	1623	６/28江戸	上洛	東海道	
元和９	1623	閏８/８京都	帰国	美濃路	閏８/　彦根
寛永３	1626	７/12江戸	上洛	東海道	
寛永３	1626	９/25京都	帰国	東海道	
寛永11	1634	６/20江戸	上洛	美濃路	７/ ７彦根
寛永11	1634	８/５京都	帰国	東海道	

典拠：藤井讓治編『近世前期政治的主要人物の居所と行動』、同編『織豊期主要人物居所集成』、『朝野旧聞裒藁』

三　将軍上洛道を組み込んだ彦根城

徳川の城としての彦根城

関ヶ原合戦に勝利して佐和山城主となった井伊直政にとって、最初の重要課題の一つに居城整備があった。新たな居城をそのまま佐和山に再建するのか、それとも別の場所に新たに築城するのか、場所の選定から検討が開始された。その際、周辺交通網との関係も当然のことながら考慮の対象となったことであろう。下街道を新たな居城とどのようにつなげ、どのように活用するかということも考えて、城地が検討されたはずである。

当初、直政は磯山に新たな居城を築こうとしたが、この話は慶長七年（一六〇二）の直政の死去により進展せず、翌慶長八年に重臣の木俣守勝が家康に彦根山へ新城を築く案を示して了承されたことで、彦根に築城することが決定したという。木俣が家康に提示した際、絵図を示して説明したといわれており、家康への説明には、彦根城下町に下街道を通すといったプランが含まれていた可能性が高い。慶長十年の徳川秀忠の上洛で下街道が用いられていることを考えると、城下町の設計段階ですでに、彦根城に将軍の宿泊施設という機能を持たせ、あわせて下街道を将軍上洛道とする方針があったのではないだろうか。当初の城地候補であった磯山は下街道から離れており、街道を城下に引き込むのは難しい。磯山築城が断念された理由の一つには、地理的に見て下街道と結びつけにくかったことがあるかもしれない。

彦根城は近江に築いた徳川最大の軍事拠点であり、万一の場合には徳川の大将である将軍がここに入って軍事展開することになる。そのことを考えても、彦根城には将軍を迎える施設を整えることが求められた。下街道を将軍上洛道とした理由の一つには、将軍の宿泊地である彦根城との関係が指摘できるだろう。彦根城で宿泊した将軍が京都方面へ進む道として整備されたのが下街道ということができ、彦根城と下街道は同時期に一体の交通政策のもとで構想されたと考えられる。

征夷大将軍の「由緒」の道

従来、下街道は家康が関ヶ原合戦に勝利して京へ上る際に通った「吉例の道」であり、そのため歴代将軍も上洛に使用したと言われてきた。ただし、実際に上洛に使用されたのは東海道と下街道の二コースがあり、回数的には東海道を通る方が多い。では、二つのコースはどのようにして使い分けられたのだろう。下街道を通行する意識について考えてみたい。

江戸時代初期の将軍上洛のうち、下街道を将軍上洛道として決定づけたのは、慶長十年(一六〇五)、徳川秀忠が将軍宣下《せんげ》を受ける際の上洛であったと考えられる。

それまでの家康の上洛・帰国ルートを見ると、関ヶ原合戦で勝利した後と、翌年の帰国の際の往復には美濃路・下街道を通っているが、その後は、ルートが確認できるものはいずれも東海道を通っていた。慶長十年の上洛でも、家康は東海道を通り、秀忠が下街道を通行している。将軍宣下を受けるため上洛するにあたって、あえて下街道を選んだ可能性がある。

慶長十年の秀忠の上洛行列は、二月十五日に先陣として榊原《さかきばら》康政らが江戸を出立、翌十六日には伊達政宗はじめ諸大名が京都に向かった。秀忠の行列は、鉄砲隊七組、弓隊四組、鑓《やり》隊二組が先導し、供奉する多くの家臣を従えたもので、総勢十数万騎もが秀忠につき従って上洛している。このように譜代・外様大名をことごとく率いた秀忠の上洛は、家康から将軍職を継承することを天下に示すことを企図した一大デモンストレーションといえよう。

実はこの上洛は、過去のある行列を参照して行装を整えたという。

醍醐《だいご》三宝院門跡《もんぜき》の義演《ぎえん》は自身の日記で、秀忠の上洛は源《みなもとの》頼朝《よりとも》の上洛を例にしており、関東の諸大名がことごとく供奉し、その人数はおよそ十万余りと聞き及んでいると記している（『義演准后日記』慶長十年三月十八日条）。頼朝の上洛とは、建久元年（一一九〇）、頼朝が鎌倉に政権を樹立して以降初めて上洛し、後白河上皇や後鳥羽天皇に拝謁して右大《うだい》将《しょう》に任じられた際のことを指す。治承四年（一一八〇）に旗揚げして関東武士と主従関係を結び、平氏、奥州藤原氏を滅ぼして全国を平定した頼朝にとって、上洛して朝廷から相応の官職を授かることは、政権樹立の最終の総仕上げともいうべき重要な意義のあるものであった。鎌倉幕府の正史である『吾妻鏡《あづまかがみ》』は、関東の王者の威容を示しながら入京する頼朝の行列を詳細に記す。畠山《はたけやま》重忠を先陣として、三列に並んだ随兵一八〇騎のあと、頼朝が折烏帽子《おりえぼし》に水干《すいかん》姿で黒馬に乗り、後陣の随兵がそれに続く。この行列を見るため都の人々が賀茂河原に押しかけており、東国の覇者の武威を都人に示す華麗な行列であったことがわかる。

家康が東国に幕府を開いた頼朝の行動をみずからの規範とし、『吾妻鏡』を愛読していたのは有名である。家康は外国からもたらされた活字印刷技術によって、収蔵している書籍の出版を積極的に進めたが、その一つに『吾妻鏡』もある。慶長十年三月、ちょうど秀忠将軍宣下のための上洛時に、家康は木製活字版、いわゆる「伏見版」として『新刊吾妻鏡』を刊行している。

全国の大名を従えて徳川の武威を示す秀忠の上洛行列は、『吾妻鏡』に記されている頼朝の上洛行列を意識して整えたものであり、そのような徳川の意図そのものをも京中に流布させている。秀忠の上洛行列は、徳川の幕府が鎌倉幕府の再来であり、その継承者であることを世の中に認識させる盛大なものであったといえよう。

『吾妻鏡』には頼朝の上洛ルートも示されている。頼朝一行は熱田神宮に入った後、墨俣《すのまた》（大垣市）、青波賀《あおはか》（青墓、大垣市）、柏原（米原市）、野路《のじ》（草津市）と進んだという。秀忠の上洛は、コースの面でも頼朝の上洛を参照したのではないだろうか。頼朝が近江国内で通行したのは東山道（中山道）であろうが、『吾妻鏡』には柏原と野路の間の地名が記載されていない。そのため、この区間は中山道ではなく下街道を通ったとしても、『吾妻鏡』に記されているポイントはまちがいなくたどっており、頼朝上洛道から外れたことにはならない。

このほか、従来から言われているように、美濃路から下街道という上洛コースは、家康が関ヶ原合戦に勝利し、そこから天下人に至った記念の道であることも関係しているだろう。征夷大将軍となるための上洛だからこそ、家康勝利の道をたどり、徳川の天下を勝ち取った合戦を追体験しようという意味も込められていたのではないだろうか。その次の家光の代でも、父秀忠の没後に実施された寛永十一年（一六三四）の上洛は、名実ともに幕府政治を掌握したことを天下に示すものとして最大規模で実施されたが、この上洛で家光

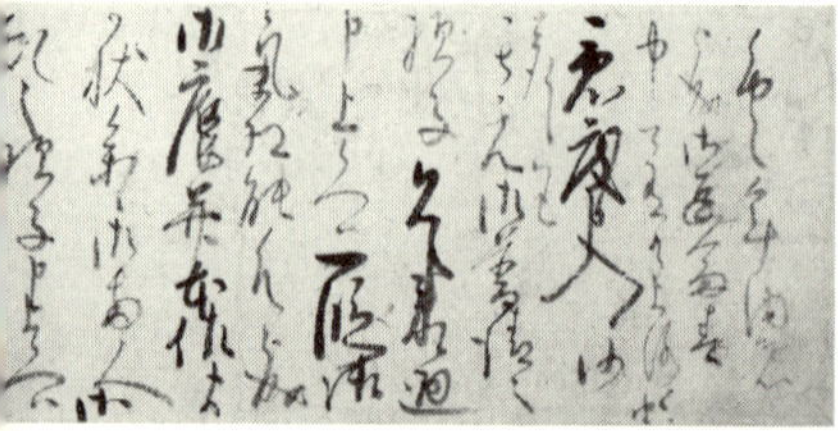

は初めて由緒ある下街道を通って入京している。それまでの上洛では帰国の際にこのルートを通ったことはあったが、この上洛のために改めて通行する街道の整備を行い、下街道上にある伊庭御殿・永原御殿も改修している。家光もまた、将軍の威光を天下に示すデモンストレーションとしての上洛において、頼朝以来の由緒と父祖が通行したという先例をもって、下街道を通ることを選んだのであろう。

家康や頼朝が上洛した道という由緒にもとづき、下街道には武家の棟梁《とうりょう》たる者が上洛を果たす儀礼において通行するという特別な意味が付与され、秀忠が将軍に就くにあたりこの道をたどって上洛するという「演出」が、慶長十年の上洛準備の中で考え出されたと考えられる。

徳川秀忠の彦根宿泊

慶長十年、徳川秀忠は下街道を通って上洛したが、このとき秀忠一行は三月十四日に「佐和山」に到着し、雨のため一日留まって十六日に永原へ向けて出発している（「慶長見聞録案紙」）。この頃、彦根城の築城工事中であったが、当主井伊直継はすでに前年の慶長九年中に彦根城に移ったという説もある。

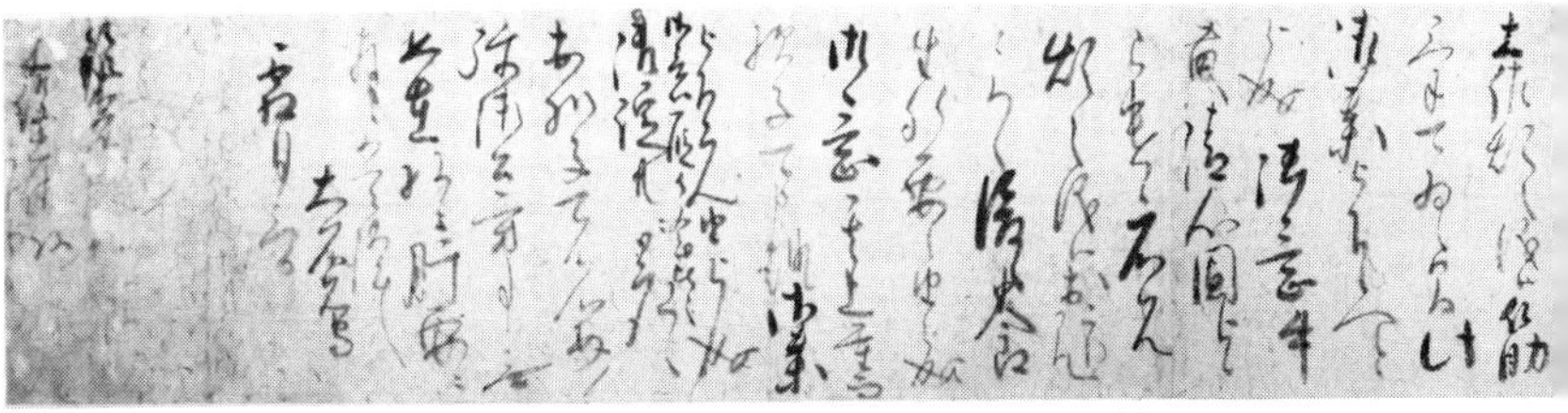

大久保長安書状写　鈴木重好・木俣守勝宛て　慶長９年11月３日付
（水戸鈴木家文書、水戸市立博物館寄託）

では、秀忠一行はどこに宿泊したのだろう。
史料に「佐和山」と記されているからといって佐和山城とは限らない。彦根に城を移してからもしばらくの間は、全国的には彦根という地名は定着しておらず、井伊家の城地は佐和山と認識されていた。そのため秀忠の宿泊が彦根城であった可能性は充分にある。例えば、「井伊《いい》年譜《ねんぷ》」はこれを彦根城としている。ただし、「井伊年譜」は江戸時代半ばの享保年間頃に作成されたもので、別の年の将軍上洛時の彦根宿泊記事などには事実誤認が見られるため、この史料だけを根拠として話を展開させることはできない。より正確な別の史料に基づいて考えていきたい。

彦根城の築城工事は、慶長九年七月一日に開始されたが、同年十月に大久保長安《ちょうあん》が彦根にやってきて工事の進捗《しんちょく》状況を見分している。大久保はその後江戸に向かい、家康にそのことを報告した。その報告を受けて家康側近の本多正信と大久保がそれぞれ井伊家重臣の二人（鈴木重好・木俣守勝）に書状を届けている。本多からの書状（十月晦日付）では、工事が順調に進んでいるとの大久保からの報告を受けた家康が、普請の進捗状況に満足している様子が伝えられている。また、大久保からの書状(十一月三日付)では、来年春に「御上洛」の計画があることを伝えている。

彦根城は公儀普請として工事を実施しており、工事開始後まもなくの七月十五日にも秀忠は小沢瀬兵衛を使者として遣わしている(「徳川秀忠御内書」彦根城博物館蔵)。今回も進捗状況の確認であろうが、翌年二月に秀忠が諸大名を従えた盛大な上洛を予定しており、その準備時期に彦根へ立ち寄ったのは、上洛準備の一環と考えることができるのではないだろうか。見分したのが大久保長安であることも、単なる報告に留まらない政策的な意図を感じる。大久保長安は幕府代官頭として幕府直轄領の支配に従事したが、佐渡・石見《いわみ》などの金銀山の開発、江戸・駿府・名古屋の築城、街道の整備に卓越した手腕を発揮して、幕府の財政基盤の確立に貢献した人物として知られている。言ってみればインフラ整備のエキスパートである。その大久保長安がこの時期に彦根にやってきた意味は大きいものがある。

この頃の大久保の動きを確認すると、慶長九年八月には伏見にいる。この時家康も伏見にいたが閏《うるう》八月に家康が江戸へ戻ると、大久保は西国へ向かい、尾道から石見へ移動している。彼は石見銀山の経営に関わっており、その用務があったのであろう。九月下旬には石見にいることが確認できるが、その後彦根に立ち寄り、十月末には家康のいる江戸へ戻った。このように各地を動き回っている大久保がわざわざ彦根に立ち寄った目的は、日程やその後大久保からもたらされた書状から考えて、翌年に実施を予定している秀忠一行の上洛準備のためと思われる。江戸に戻った大久保が十一月三日付で彦根の両重臣に宛てた書状では「御上洛」の日程を伝えており、大久保が彦根に滞在している最中、上洛受け入れについて協議していたのは間違いないだろう。

この時点で、「佐和山」宿泊が一候補として挙がっていただけなのか、それとも内定までしていたのかは不明であるが、大久保の彦根来訪とその結果を家康に報告したことによって、宿泊地やルートが最終決定したことであろう。大久保は、街道整備の専門家でもあり、この将軍上洛で在京する多くの大名の宿泊場所の準備を差配することも彼の仕事の一つであった。このような大久保の役割から判断すると、彦根城に立ち寄ったのは単に築城工事の進捗状況を家康に報告するだけには留まらず、将軍上洛道を整備する事業の一環であったと考えるのが自然であろう。

そうであれば、大久保が彦根城の築城工事を視察したポイントは、現在工事中の彦根城に数か月のうちに将軍宿泊用の殿舎を建てて一行を迎える準備が整えられるかどうかであっただろう。大久保の技量を考えるならば、宿泊を受け入れることを前提として工事の進捗状況を視察し、今後どのような作業をすれば期限までに一行を迎える体制を整えられるかを判断して、大久保自身が工程を組み替える提案をしたかもしれない。

将軍宿泊御殿の建設

大久保長安の視察を受けて、上洛道中の徳川秀忠一行が彦根城を宿泊場所とすることが決定し、彦根城内に将軍宿泊用の御殿が建設されることになった。

この時建てられた御殿とはどの建物であろう。結論を先に述べれば、本丸に建てられた広間がそれに該当すると考える。

彦根城の本丸には、天守の前に礎石《そせき》が残っており、広間・台所と長局《ながつぼね》が建てられていたことが判明している。天守の建物工事は、慶長十一年五月と六月の日付をもつ墨書銘《ぼくしょめい》が確認されていることから、同年に入ってから着手したのであろう。少なくとも秀忠が宿泊した慶長十年三月段階では、工期を考えると未着工と思われる。一方、広間・台所と長局は早い段階に建てられており、彦根城の築城に関わる伝承を記した「金亀山伝記」では、井伊直継が当主の時代、つまり二期工事が始まるまではここを居所としていたと伝える。広間は六間×十五間、台所はそれに附属する三間×九間の建物であったことが、絵図や現存する礎石から推定されている(谷口二〇〇一)。別棟の長局(二間×二十一間)を加えても、

本丸広間遺構

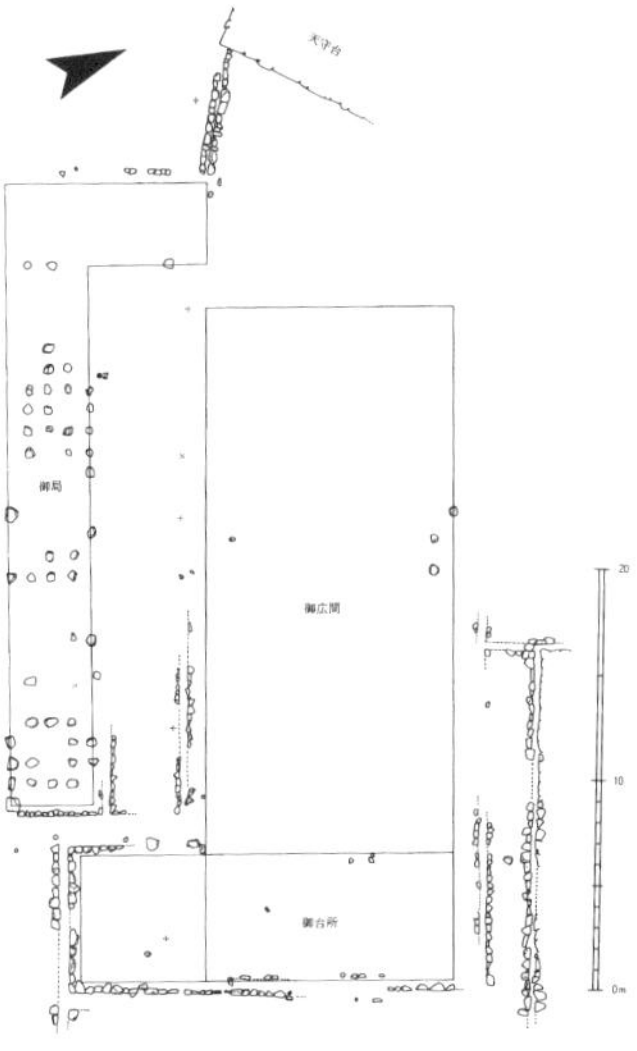

本丸広間遺構図（谷口徹「彦根城の絵図を読む」より転載）

城主が恒常的に暮らし、家臣とも対面する居館という目的で建てたとするには狭く、単純な構造である。

文献上の裏付けは存在せず、あくまでも推論に過ぎないが、慶長十年に上洛した徳川秀忠が彦根城に宿泊したのであれば、その御殿として建てられたのが本丸広間ではないだろうか。土木工事で山肌を削って本丸の平坦面《へいたん》を作り、そこまでの道筋を作ってさえいれば、上洛までの三ヶ月でこのような構造の広間を本丸に建てることは工程的に可能であろう。また、彦根城内で秀忠が宿泊した可能性のある建物はそれ以外には考えられない。将軍上洛ルート上にある他の城郭、例えば浜松城、岡崎城、膳所城などを見ても、本丸には将軍用の御殿が建てられ、藩主が暮らす御殿は二の丸に置かれた。彦根城も、直継の御殿は鐘の丸にあったという説も存在する(「御覚書」彦根城博物館蔵)。この説の通りであれば御殿の配置が他の城郭と同様であり、蓋然性《がいぜん》がさらに高まる。

四　朝鮮人街道の成立と運用

「巡礼街道」から「朝鮮人街道」へのルート変更

足利健亮《けんりょう》氏による信長が整備した下街道成立の研究（滋賀県教育委員会一九九四）では、下街道のルートを考えるにあたり、それ以前から存在していた古道の道筋の復原を試みている。それによると、信長以前には、浄厳院《じょうごんいん》と桑実寺《くわのみでら》をつなぐ景清《かげきよ》道や能登川から山崎山に向かう道（次頁図G〜H）といった、中山道に平行して通り、古代条里地割にしたがって集落を結ぶ里道が存在していたが、信長はそのルートをはずして無人の田の中を直進する道筋に改変したため、下街道では不自然な直角折や、コの字型の折れ曲がりが存在するという。足利氏は山崎山・荒神山周辺から日野川までのエリアでこのことを考察しているが、この考えに基づいて彦根城周辺地域に目を向けて、古道のあり方と道筋の改変について推考してみたい。

南方から彦根山方面に向けての道は、古代・中世からあった古道に対して、信長と江戸幕府の二度にわたる整備が行われており、次の通り三段階に区分することができる。

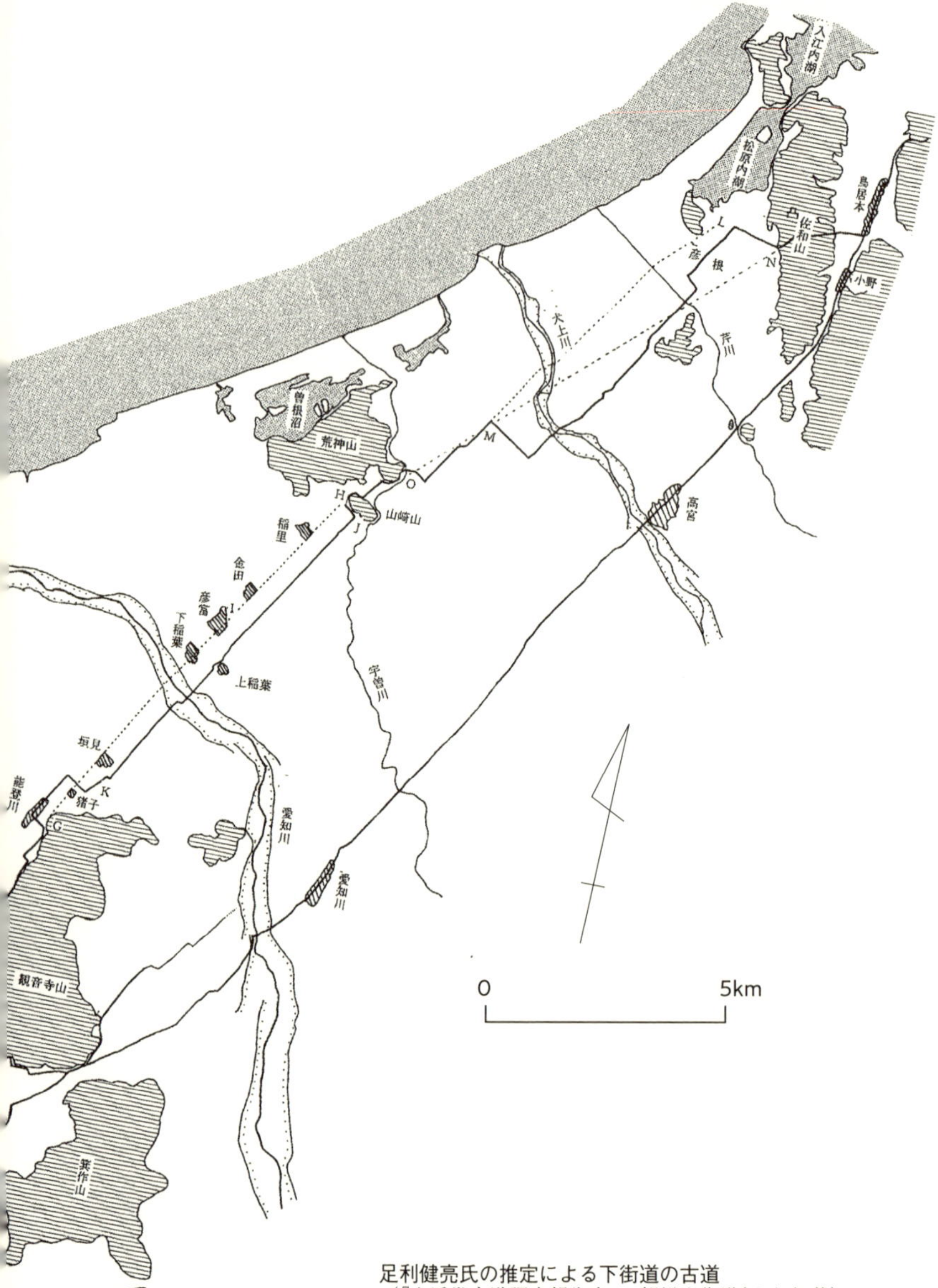

足利健亮氏の推定による下街道の古道
(『中近世古道調査報告書1　朝鮮人街道』より転載)

琵琶湖
大中ノ湖
西ノ湖
小中ノ湖
伊庭内湖
安土山
八幡山
水茎内湖
常楽寺
安土城下
西庄
景清道
浄厳院
景清橋（字安土）
鷹飼
金剛寺
八幡
大林
土田
加茂
江頭
小田
日野川
須原
六条
比留田
条里坪界線
中小森
森尻
長光寺
中山道
瓶割山
永原
野洲川河川敷
A
B
C
D
E
F

①彦根寺への参詣道

築城以前の彦根山は信仰の山であった。平安時代から観音霊場として知られており、寛治三年（一〇八九）には白河上皇をはじめ多くの人が参詣した「彦根参詣ブーム」が起こっている。その後も、築城されるまで彦根山には彦根寺、門甲寺《もんこうじ》など多くの寺院が立ち並んでおり、参詣者が彦根へ向かった。

②織田信長が整備した下街道

信長が岐阜から安土に戻る道中、佐和山と山崎山に御茶屋を置いて休息していることから、この二か所が下街道を通っていたと考えられる。

③江戸時代になって整備された朝鮮人街道

朝鮮人街道のルートは明らかであるが、江戸時代にも①②のルートの痕跡が残っていないかどうか、絵図類から探してみる。

江戸時代の犬上川流域を描いた絵図（43頁）には、「唐人海道」と「順礼海道」の二つの街道が並行して通っているさまが描かれている。「唐人海道」つまり朝鮮人街道は甘呂《かんろ》村で東方向に折れるのに対し、そのまま直進しているのが「順礼海道」である。「順礼海道」は一般的に「巡礼街道」と呼ばれ、明治初期に作製された「地券取調総絵図」などを見る

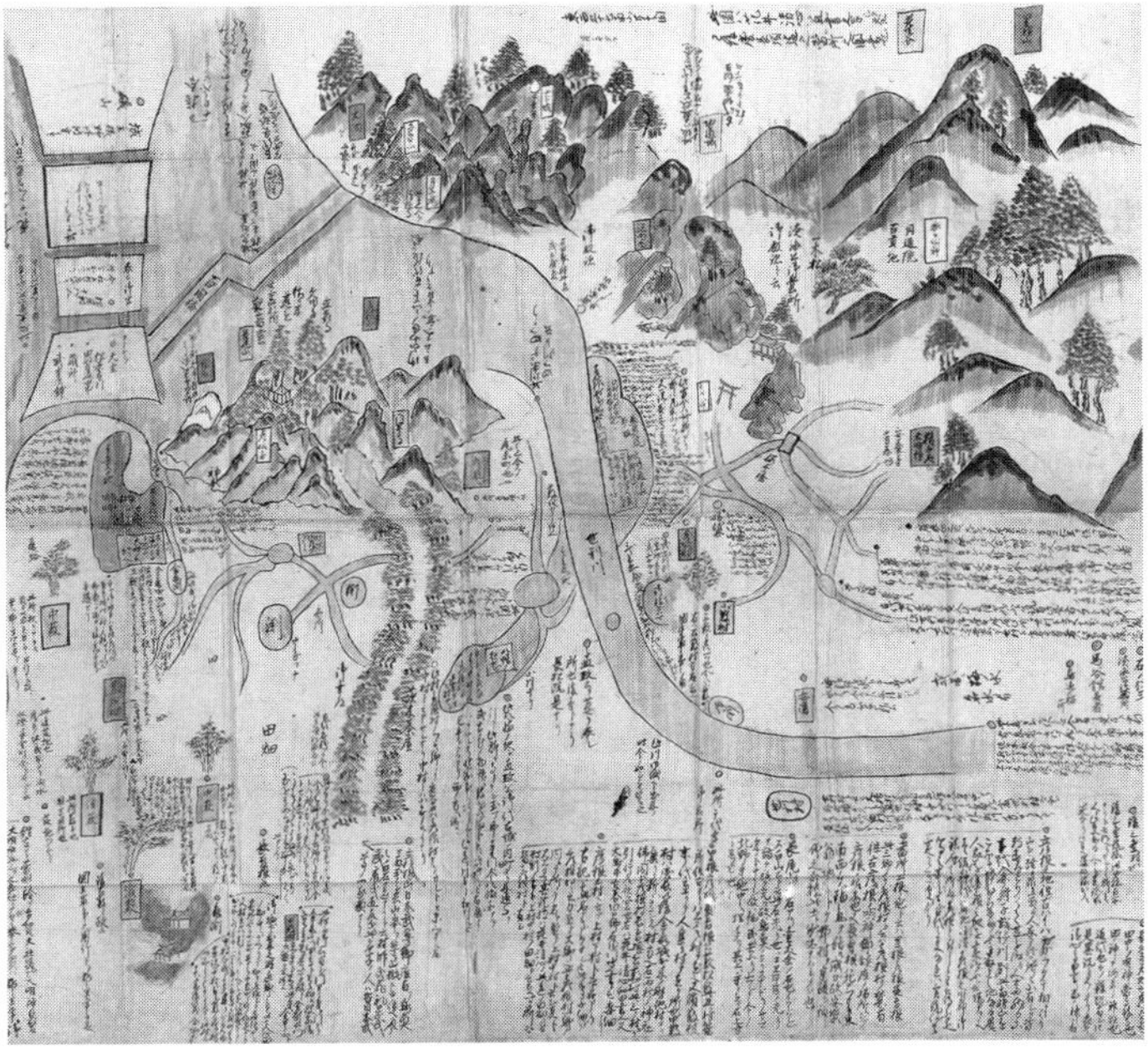

彦根古図（滋賀大学経済学部附属史料館蔵）

と、古代以来の条里《じょうり》地割《ちわり》に沿ってこの先彦根城下の池州口まで一直線で結ばれていることが確認できる。

この巡礼街道は、築城以前の彦根の様子を描いた絵図にも描かれている。「彦根古図」「彦根御山絵図」などと呼ばれ、いくつかのパターンの絵図が現存している。同時代の資料ではないため記載内容は精査する必要があると考えるが、どの絵図にも南方から彦根山に向かう「御幸道」「順礼往来道」として、両側に木が植えられた並木道が描かれている。

この巡礼街道が、彦根山への参詣道として古くから通じていたのは間違いないだろう。少なくとも地元ではそのように言い習わされ、彦根山の霊場への巡礼者が通った道という意味で「巡礼街道」と呼ばれてきた。この名前は近年まで地元で浸透していた。最近は、巡礼者が持ち歩いた鐘が鳴り響いたとして「ベルロード」という愛称が付けられ、親しまれている。

では、信長が整備した下街道との関係はどうだったのだろう。下街道は山崎山を経て佐和山城までつながっていたが、安土周辺や山崎山へいたる道のように、この道も信長によって旧来の道筋から改変されたのであろうか。

結論から述べると、信長の下街道は巡礼街道のルートをそのまま利用して、道幅を拡げ、地表を平坦にするといった手を加えたものと思われる。その根拠は、「彦根古図」に描かれる松並木にある。『信長公記』には、信長が街道整備をする際に道の両側に松・柳を植えさせたと記されていた。その景観が「彦根古図」で彦根山に向かう道に描かれていると理解できる。もちろんこの考えが成立するためには、信長による改修より前の巡礼街道には並木が植えられていないことが前提となる。しかし並木とは、江戸幕府が街道整備を命令する都度、徹底するよう命令を下していたことからもわかるように、為政者の権力によって景観を美しく整えた街道の象徴ともいえるものである。日常的な維持・整備を地元に負担させることができるのは、公権力による整備だからこそであろう。

そのほか、足利氏は、信長は佐和山城の西麓にある松原内湖に船を準備させて琵琶湖の湖上交通の拠点としていたことから、下街道が松原内湖周辺を通っていた可能性を指摘されている。

これらの状況証拠から判断して、信長時代の「下街道」とは、それ以前からあった彦根山への巡礼街道のルートにほぼ一致し、それを整備したものであったが、江戸時代初期、彦根城を築くに際してこのルートを公的な街道として採用せず、道筋を変更したと推定できるだろう。これも、彦根城とその周辺の交通網計画の中で決定されたと思われる。

前章で見たように、築城の際、城下町の東側に「内町大通り」という交通の大動脈となる通りを新設し、中山道からの脇街道をつなげた。下街道もこの大通りに連結させることで、周辺から彦根城下町へ入ってくる街道を一本の通りに集約することができる。このような城下町の都市計画のもと、彦根築城時に下街道のルートが付け替えられたと考えるのが自然であろう。下街道が山崎山麓を通り過ぎてからは、ほぼ一直線に彦根山に向かっていたのに対し、新しい道は彦根城下の南東隅につながるよう、甘呂村周辺で東に進路を変え、条里地割で八町（約八八〇メートル）東側の道を通って彦根方面へ進み、芹橋《せりばし》につなげられた。

つまり、彦根山から山崎山の間に限っていえば、古代以来、彦根山に向かう道としてほぼ一直線の道が通っていたが、彦根城の築城に伴ってルートが変更された。それが朝鮮人街道である。変更前の道が巡礼街道であり、織田信長が整備した下街道もここを通っていたと考えられる。

朝鮮人街道を通行した人々

朝鮮人街道についての解説の中で、「一般人たちの通行が禁じられていた」「将軍以外では唯一朝鮮通信使の通行が認められていた」とされることがある。端的に表現するとそうなるのかもしれないが、誤解を招きかねない面があるのではないだろうか。

参勤交代の大名が朝鮮人街道を通行しなかったのは確かである。大名が参勤交代で通るルートを考えると、西国の大名は原則として東海道を通ることになっていたが、事情により中山道を往来する場合もある。また、幕府役人が遠国奉行として京・大坂・長崎などに赴任する際の往来で中山道を通行し、鳥居本宿や高宮宿に宿泊することもあった。いずれにしても彦根に立ち寄る目的はないため、彦根城下町に入り込む朝鮮人街道を通行するという選択肢はあり得ない。例外的に大名が彦根にやってきた事例として、井伊家の親族の大名が参勤交代の折に彦根に立ち寄ったことはあるが、あくまでも私的な目的で一時的にルートを外れるだけのものであり、中山道を通って高宮または鳥居本から彦根に入っている。

一方、彦根城下町で宿駅機能をもつ伝馬町は、朝鮮通信使通行と幕府巡見使《じゅんけんし》通行の際に人馬を準備する御用があると自認していた。実際には途絶えていたが、本来はこれに加えて将軍上洛に伴う人馬の準備が加わる。巡見使とは、将軍の代替わりごとに派遣された幕府役人で、全国を視察してまわった。例えば寛政元年（一七八九）に彦根にやってきた巡見使は、若狭敦賀《つるが》から北国街道を南に下って三月五日に近江に入ると、木之本《きのもと》・菅浦《すがうら》・塩津《しおつ》・長浜で一泊ずつして三月九日に彦根に入った。その日は彦根城下町の有力町人宅を本陣として宿泊し、翌日は朝鮮人街道を通って能登川へ向かっている。

そのほか、伊能忠敬《いのうただたか》も朝鮮人街道を通っている。伊能忠敬は幕府の「御測量御用」一行として、幕府の公的な立場で全国を測量して詳細な地図を作り上げた。そのため、各宿場ではこの一行を幕府の公用旅行者として遇し、その宿泊や荷物輸送に従事した。伊能の一行は、彦根には文化二年（一八〇五）九月と翌三年十月の二度やってきている。文化二年には、大坂から京都に入り、琵琶湖東岸を北上して彦根に入るというルートをとっていた。彦根では伝馬町の伝左衛門宅で二泊している。文化三年には、若狭敦賀から北国街道を南に下り、柳ヶ瀬関所を越えて木之本、長浜から鳥居本を経て、十月六日に彦根城下に入った。このときも伝馬町内で宿泊し、伝馬町が準備した人足と馬で能登川まで測量道具や各人の荷物を運んだ。

一般の旅行者も、彦根や周辺の村々に用事のない者が、通過するためだけに朝鮮人街道を通るということは考えにくい。彦根宿にはそのような者を対象にした旅籠《はたご》屋は置かれていなかった。それでも、彦根に用事のある商人などは彦根宿周辺の町人宅に宿泊しており、実質的に旅籠の機能はもっていた。朝鮮人街道は城下町と村落をつなぐ道筋でもあり、彦根藩関係者や地元の者が日常的に通行するのに支障があった訳ではない。

第三章　朝鮮通信使をもてなした彦根藩

一　江戸へ向かう朝鮮通信使

朝鮮通信使が通った将軍上洛道

将軍上洛道であった街道をなぜ朝鮮通信使一行が通ったのか。朝鮮人街道や通信使の旅を語る際には必ずといっていいほど、その理由が述べられてきた。

その理由はいくつかにパターン化できるが、そのほとんどは戦前に作成された地元の自治体史で示されている。大正十一年刊行の『近江蒲生《がもう》郡志』では、「元来朝鮮の信使を此《この》迂遠《うえん》なる浜街道に引きしに付ては彼国人をして我国の大を示さん」として、中山道より琵琶湖側の曲がりくねった道を通行させることで、国内が広いと見せようとしたという伝説を示した上で、それは信用できないと否定し、この道は徳川家康が関ヶ原合戦に勝利して以来の吉例の道であり、代々の将軍が上洛時に使用したため、通信使もこの吉例の道を通ることに定めたという説を示している。

そのほか、彦根や八幡は数百人もの使節を受け入れる宿泊設備が充実しているという点や、彦根の大城下や八幡の豪勢振りを見せようという意図から、下街道を選んだという見

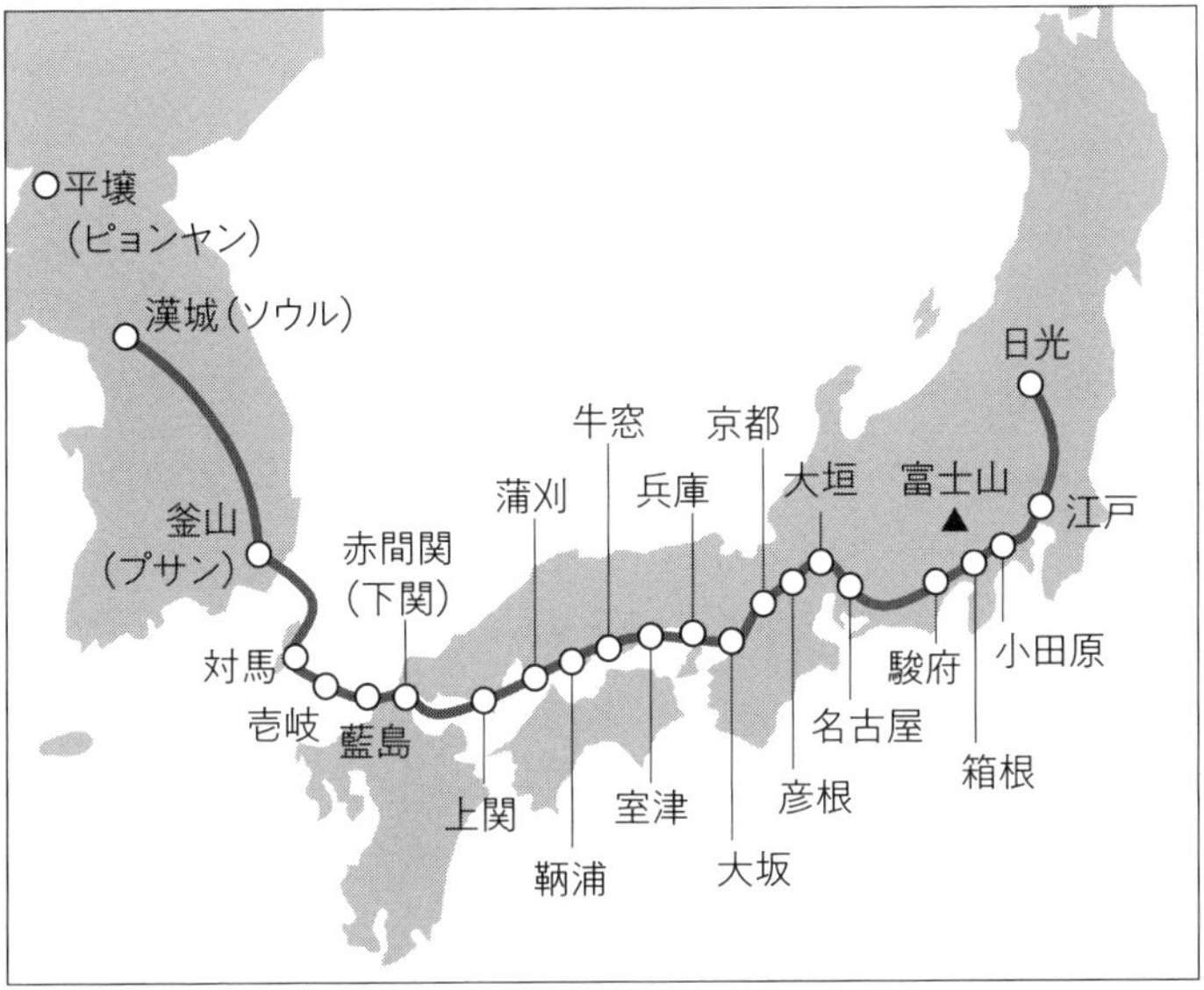

朝鮮通信使のルート

解も出されている（『滋賀県八幡町史』中巻）。

このように、徳川家康が関ヶ原合戦に勝利した際に通行した「将軍吉例の道」を使用したという意識面と、彦根や八幡には大規模な通信使一行を応接するにふさわしい施設が整っているという機能面の二点から理由が示されてきた。

先に検討したように、下街道が将軍上洛道として整備されたのは慶長十年（一六〇五）の秀忠の上洛に際してのことであり、名実ともに将軍となるためにこの道を通って上洛するべきという儀礼的意味が付与され、それにふさわしい宿泊施設などが整備された。

では、なぜ朝鮮通信使には将軍上洛の道を通行させたのだろう。初回の通信使以来、いずれもこの道を通っている。そのため、初回に幕府がどのように考えて下街道を通行させたのかを探っていきたい。

慶長十二年、初回の朝鮮通信使で副使を務めた慶温による使行録「海槎録」には、彼らが大坂に到着した時、その接待について京都所司代《しょしだい》の板倉勝重《いたくらかつしげ》と外交僧の西笑承兌《せいしょうじょうたい》が議論したと記している。承兌が、朝鮮の使臣は日本に益《えき》があるわけではなく、日本の国情を探りに来たに過ぎないから厚くもてなす必要はないと主張したところ、板倉は、「使臣を冷遇すれば帰国後に日本は義理がないと言われてしまう。海を渡って遠くから来たのに主客の礼をないがしろにすべきではない。将軍もそのように考えている」と述べたという（「海槎録」慶長十二年四月二十九日条）。承兌は秀吉時代以来の外交僧であり、彼の発言は豊臣政権ではそのような意識で応接していたことをあらわしているだろう。それに対して、板倉は幕府の役職である京都所司代として在京中の通信使を応接する責任者であった。板倉は幕府の意向を確認しながら差配しており、通信使を客人として扱うのは徳川幕府の方針であったといえる。江戸への下向《げこう》に将軍上洛道を通ることも当然幕府が判断したものであり、その考えの根底には通信使を客人として厚く遇するという意識があったことがわかる。

二つの将軍上洛道のうち、東海道ではなく美濃路が選ばれた理由は明らかではないが、東海道は桑名から熱田までは七里の渡しを船で渡ることになり、大規模で荷物の多い一行は通行しづらいため、避けられたのではないだろうか。さらに、「海槎録」では道中で見聞きした光景や史跡、町の特徴などを記録しているが、その中には、八幡は秀吉の甥《おい》である豊臣秀次の居城、安土は前関白の織田信長の都と記されており、使節は通り掛かった城跡の城主がどのような人物であったかを認識していたことがわかる。また、関ヶ原村では家康が関ヶ原合戦で勝利するに至った経緯を詳細に記している。これらは随行者、おそらくは対馬藩の者から説明を受けて書き留めたものであろう。下街道から美濃路にかけては、天下人の系譜を示す史跡や関ヶ原古戦場があり、ここを通ることで徳川が天下を取るに至った歴史を示すことができる。さらに、徳川の威信をかけて築いた彦根城もある。これらを使節に見せることも、美濃路を選んだ理由の一つとしてあったのではないだろうか。

隣国からの外交使節

朝鮮通信使は、江戸時代を通じて十二回やってきている。そのうち、伏見城で応接した第二回（元和三年）と対馬止まりであった第十二回（文化八年）を除き、十度の通信使が江戸城で将軍に対面した。

江戸へ向かう通信使の行程は、初回からほとんど変更していない。首都漢城（現在のソ

ウル）を出発した一行は陸路で釜山《プサン》までやってきて、ここから船旅がはじまる。釜山から船で対馬《つしま》に渡ると、対馬藩から歓待を受ける。対馬藩主宗《そう》氏はこの先江戸までの旅に同行するため、それらの打ち合わせをしたあと、対馬を出発した船は、玄界灘《げんかいなだ》を渡って、壱岐《いき》、博多湾外の藍島《あいのしま》（現在の相島）、赤間関《あかまがせき》（現在の下関）から瀬戸内海へと進み、大坂へ到着する。

ここまで海路を進んできた一行は、大坂で船を下り、朝鮮から乗ってきた船はここに停泊させておくことになる。船と船乗り約百人は大坂に留まり、四百人ほどの使節は大坂で幕府や諸大名が準備した川御座船に乗り替えて、淀《よど》川をさかのぼる。海路を進んできた大きな船では浅い川を通行できないためである。淀城下で上陸して京都へ入り、数日間滞在して近江に入る。京都を出立した日は守山宿の東門院《とうもんいん》で宿泊し、翌日は朝鮮人街道を通り、八幡町で昼の休憩をとった後、安土城下、能登川、山崎山を経て、夕刻に彦根へと到着して一泊するのが通常の行程であった。彦根で一泊した翌日は、切通峠、摺針《すりはり》峠を越えて今

「正徳度朝鮮通信使行列図巻」より（辛基秀コレクション、大阪歴史博物館蔵）

須宿で昼食をとり、大垣城下で宿泊する。その後、名古屋から東海道を進み、江戸へ入る。

江戸への道中には、対馬藩主宗氏とその家臣が随行した。対馬は九州と朝鮮半島の間の対馬海峡に浮かぶ島で、朝鮮半島までは約五十キロメートルの距離にあり、九州本土よりよほど近い位置にある。島内は山が多く耕作には適さないため、古くから朝鮮との交易が営まれてきた。宗氏は、古くから対馬に勢力を持ち、代々朝鮮との交易に関わってきた家である。朝鮮は日本にとって大陸の文物を輸入する主要なルートであり、室町時代には、幕府や諸大名、地域の有力者が貿易しようと船を派遣したため、朝鮮は宗氏に日本からの渡航者の管理を任せた。この特権をもとにして宗氏は対馬島内の者に渡航の権限を与えて配下に置き、宗氏は対馬を支配する「島主」へと成長したのである。

豊臣秀吉が全国政権を樹立すると、宗氏も豊臣政権に従属し、当時の宗氏当主の宗義智《よしとし》は豊臣政権と朝鮮との外交交渉を仲介することを求められた。秀吉は中国・明《みん》を侵攻しようとして、朝鮮へ出兵する（文禄・慶長の役）。宗氏は意に沿わないとはいえ、秀吉の命令に従わざるを得ず、これらの対朝鮮交渉に従事した。慶長三年（一五九八）、秀吉の死去により朝鮮半島から撤兵すると、宗氏はすみやかに戦後の講和交渉を進めようとした。農地の乏しい対馬の人々は日朝間の交易によって糧を得ており、朝鮮との関係が断絶してしまうのは島民の暮らしに関わる大事であったためである。講和交渉は関ヶ原合戦に勝利した徳川家康に引き継がれ、慶長九年（一六〇四）、朝鮮から日本へ政情探索のための使者が派遣されると、伏見で家康に対面した。家康はこの使者を講和のために派遣された使者と認識し、この対面をもって実質的に講和が成立したと評価したが、朝鮮側はこの使者は国情視察のための使者であり、正式な外交交渉の使節ではないと認識していた。つまり、両者の認識に大きな隔たりがあったのである。

そのため、家康は講和の次の段階として正式な外交使節である通信使の派遣を要請したが、朝鮮は宗氏を通じてこの要請を聞くと、講和を受け入れるためには日本から先に謝罪の意を示すことを求めた。このように、朝鮮と日本（徳川幕府）の現状認識や相手への要求は相違しており、それぞれの主張が折り合わない箇所が生じていた。

そこで、そのままでは講和が進展しないと思った宗氏は、朝鮮からの要求を家康に伝えず、家康の国書を偽造して朝鮮へ渡し、その要望を受け入れた形をとった。実は、日朝外交で国書の改竄《かいざん》が行われたのはこれが初めてではない。文禄の役の講和においてもなされており、それ以前からも外交関係に支障が出ない程度での「操作」は行われていた。両国の間に挟まれた宗氏にとって、対立を表面化させることなく両者を納得させ、みずからも生き残るためには致し方ない方法だったのだろう。

コラム

彦根にもいた朝鮮からの捕虜

豊臣秀吉が朝鮮に出兵した文禄・慶長の役では、多くの人々が強制的に日本に連れて来られた。

その数ははっきりとはわからないが、三万人とも七万人ともいわれる。有田焼をはじめ、全国で盛んとなった焼き物の開祖となったのがこのとき連行された朝鮮人陶工で、その影響により朝鮮ではその技術が停滞したのは有名であるが、女性・子どもも含む膨大な民衆が連行されている。日本の農民が朝鮮出兵のため動員されたことから、その代わりとするための労働力として連れてこられたという。第一回（慶長十二年）から第三回（寛永元年）までの通信使では、朝鮮側の派遣目的の一つに「刷還《さっかん》」が掲げられている。連行されていった人々を連れ戻すという意味である。第一回通信使では一四一八人を連れ帰ったが、全体から見ればわずかな割合に過ぎない。そのため、第二回以降も、通信使は刷還を主要な目的として掲げていたが、日本に連れて来られてから二十年以上も経過し、現状の生活から離れにくくなっている者も多かった。

彦根周辺にも朝鮮から連れて来られた者が暮らしており、通信使に会いに来ている。使節の著した使行録によると、第三回（寛永元年）の往路、宗安寺に宿泊していた一行のもとに二人の女性が訪ねてきた。両班《ヤンバン》（文官・武官階級）の娘という。故郷の様子を尋ねようとするが、日本にやってきて年月が経っているので朝鮮の言葉を忘れており、父母の消息を尋ねて涙を流すばかりであった。帰国を促しても、彼女たちは幼い子供がいるため帰国するのは難しいと答えたという。

復路では、彦根にいた朝鮮人女性三人が一行を追って守山まで来ている。三人とも全羅道出身で、そのうちの一人は一五九七年に八歳のとき捕虜となって日本に連れて来られたという。守山には十四歳の娘を連れてきた。彼女たちは通信使に同行して故郷に帰ったのであろうか。この年の通信使に同行して帰国したのはわずか百四十六人であった。

日韓国民交流年となった二〇〇二年、このような女性の刷還をめぐる悲劇を題材にした演劇『つばめ』がジェームス三木の脚本により描かれ、上演された。彦根城下を舞台とし、朝鮮出兵の際に連れて来られた女性が彦根藩士の妻となっていたという設定である。主人公の藩士・妻とも架空の人物で脚本家の創作であるが、彦根周辺には朝鮮出身者が何人も暮らしており、彦根にやってきた通信使から帰国を誘われた史実に着想を得たものであろう。

朝鮮から連行された人々は日本各地におり、その暮らしに根付いていたが、彦根も例外ではなかった。

二　日朝外交の刷新に尽力した井伊直孝

初期の通信使と柳川一件

偽造された家康の国書を受け取った朝鮮は、その国書に対する「回答」と、朝鮮出兵によって日本に連れ去られた朝鮮の人々を連れ戻す「刷還」を目的とする使節の派遣を決定した。慶長十二年（一六〇七）、江戸時代最初の通信使が来日し、徳川の居城である江戸までやってきて将軍秀忠に対面した。この使節の来日によって正式に日朝講和が成立したのであった。

ただし、講和と通信使来聘の背後では、宗氏による国書改竄が重ねられていた。朝鮮国王からの国書の文言には、家康から受け取った「国書」（偽造されたもの）に対する「回答」の使者を派遣すると記されている。そのため、この国書をそのまま徳川幕府に渡すわけにはいかず、徳川へ渡す国書も偽造され、それに対する回答の国書もまた偽造することになった。一旦改竄に手を出すと、つじつまを合わせるためには改竄を繰り返すことになってしまったのである。それ以降、元和三年（一六一七）と寛永元年（一六二四）にやってきた通

江戸時代の朝鮮通信使一覧

	年代		使命	国書捧呈日	彦根宿泊日（往路）	彦根宿泊日（復路）
1	慶長12年	1607	修好／回答・捕虜刷還	5月6日	閏4月7日	5月27日
2	元和3年	1617	大坂平定／回答・捕虜刷還	8月26日	—（伏見止まり）—	
3	寛永元年	1624	家光襲職の賀／回答・捕虜刷還	12月19日	11月28日	1月8日
4	寛永13年	1636	泰平の賀	12月13日［14日］	11月21日［22日］	（寛永14）1月14日
5	寛永20年	1643	家綱誕生の賀	7月18日［19日］	6月21日	8月19日
6	明暦元年	1655	家綱襲職の賀	10月8日	9月17日	11月14日
7	天和2年	1682	綱吉襲職の賀	8月27日	8月8日	9月24日
8	正徳元年	1711	家宣襲職の賀	11月1日	10月3日	12月2日
9	享保4年	1719	吉宗襲職の賀	10月1日	9月14日	10月27日
10	延享5年（寛延元）	1748	家重襲職の賀	6月1日	5月5日	6月25日
11	宝暦14年（明和元）	1764	家治襲職の賀	2月27日	1月30日	4月1日
12	文化8年	1811	家斉襲職の賀	5月22日	—（対馬止まり）－	

注　暦の都合で日本と朝鮮の日付が異なる場合、朝鮮の日付を［　］に記した。
『徳川実紀』、『通航一覧』、『大系　朝鮮通信使』などをもとに作成。

信使でも国書の偽造は続き、改竄は常態化していた。

ところが、思わぬ方向から、国書改竄が幕府に暴露されてしまう。

宗氏のもとで朝鮮外交を主導していたのは重臣の柳川氏であり、国書改竄も柳川氏のもとで繰り返されていた。慶長十八年（一六一三）に跡を継いだ若年の柳川調興《しげおき》（一六〇三〜八四）も朝鮮外交を担当し、父祖と同様、幕府有力者と独自の関係を築いていたが、同世代の主君宗義成《よしなり》（一六〇四〜五七）の配下にいることを快しとせず、宗氏との主従関係から脱して徳川直属の家臣となることを望んだ。両者の間では長年にわたり確執が続いていたが、寛永八年(一六三一)、調興は宗氏から与えられた知行を返納して主従関係を断ち、幕臣として生きたいと義成に申し出た。義成は当然のことながらこれを拒絶し、幕府へ訴えたが、この対立の中で調興が国書改竄を幕府に暴露してしまったのである。寛永十年のことであった。

寛永十二年、将軍徳川家光(一六〇四~五一)みずからがこの一件を裁定する。その裁定結果は、改竄を主導していた柳川調興を流罪とし、今後は当主宗義成が主導して対馬藩に朝鮮との仲介を担当させるというもので、義成の勝訴であった。ただし、この裁定を義成に伝えた際、幕府は翌年に朝鮮から通信使を派遣させるようにとあわせて命じている。これは柳川氏のいない対馬藩で朝鮮との仲介が無事に務まるかどうかを見極めるテストともいえる。もしも宗氏が通信使の御用をうまく果たせなければ、そのときは宗氏に処罰が下され、ふたたび柳川氏に朝鮮外交を任せるという筋書きが残されていた。

この柳川一件の裁定は、江戸時代を通じての朝鮮外交方針を決定づける大きな意味をもつものとなったといえる。

ちょうどこの頃、幕府は外交政策で一定の方向性を出していた。一般に鎖国といわれるもので、豊臣政権から家康の時代にかけて外国との貿易が盛んになっていたが、その後、キリスト教の禁教を進めるために次第に貿易に制限を加えていった。家光政権の時期には、日本船が海外へ渡航するのを禁止する一方、日本にやってくる海外船も諸大名が貿易で利益をあげるのをおさえるため幕府の統制下に置き、最終的にヨーロッパの国ではオランダだけに貿易を認めた。オランダとの交易は、慶長十四年（一六〇九）に大名松浦氏の所領である平戸（長崎県）に商館を置いて運営されていたが、寛永十八年（一六四一）、幕府はオランダ商館を長崎の出島に移すよう命じ、幕府の管理下に置いた。

このように、家光政権の初期から幕府は交易の相手国を制限し、諸大名が貿易にたずさわることを禁止して、幕府が対外交易を直接管理しようとする方針へと進んでいたのである。

この方針を朝鮮外交に適用するならば、対馬藩主宗氏が仲介する形式が改められ、幕府が直接たずさわるように改革されると予想できるだろう。柳川氏が国書改竄を暴露したのは、この方向性を予見したからではないかと考えられている。宗氏に国書改竄の罪を着せて追い落とし、自身は宗氏から離れて幕臣となって、幕府が直接管理する中で朝鮮外交・朝鮮貿易にたずさわることをめざしての行動とすればつじつまがあう。

ところが、将軍家光は朝鮮外交にこの方針をとらず、宗氏を残す判断を下した。家光の判断理由については、江戸時代の日朝外交史を専門とする多くの研究者によって多様な説が示されているが、主要な説に、宗氏が日本・朝鮮の間に入ってクッションの役割を果たすことが期待された、というものがある。外交関係では、ともすれば互いに相手国より優位に立ちたいと考えるものである。日本では、古代律令時代以来、隣国の朝鮮を格下に見る認識があり、朝鮮側も同様に日本を一等下に置いていた。両者が直接交渉すれば軋轢《あつれき》が生じかねないが、古くから朝鮮と独自の関係を築いてきた宗氏が間に入ることで衝突をやわらげることができるという理解である。

将軍家光は、このような日朝外交の問題点と国際関係を理解した上で、柳川一件の裁定を下したといえる。

日朝外交刷新の立役者・井伊直孝

家光による柳川一件の裁定の陰には、ブレーンとして家光へ政策の助言をしていた人物がいた。それが彦根藩主井伊直孝(一五九〇~一六五九)である。直孝は、寛永九年(一六三二)、大御所徳川秀忠の遺言によって、将軍家光の政務を補佐するよう命じられていた。それ以降、直孝はほとんど彦根に戻らず、家光の傍らに仕えてその政務を支えた。

直孝が柳川一件の裁定でのキーパーソンといえるのは、一件後、宗氏による日朝外交が軌道に乗るよう、直孝が種々の働きかけをしていたからである。実は柳川一件では、老中土井利勝をはじめとする幕閣の多くが柳川調興方に味方していた。そのため、宗氏勝訴という裁定が出た後も、柳川派の者は宗氏に非協力的な態度をとり、寛永十三年の通信使でも老中土井らは宗氏へ無理難題を突きつけていた。彼らは宗氏が失敗し、柳川氏が復権することを望むような行為を仕掛けて宗氏を困らせた。彼らの行為は、通信使の成功を妨害し、新たな日朝関係構築に水を差しかねなかったが、そのような状況にあって積極的に義成に力を貸し、通信使を成功に導いたのが直孝である。

直孝が宗氏を支援したのは、一件の裁決時に示された日朝外交の新体制を実現しようとしたからといえるだろう。宗氏の失敗は、単に宗氏の問題に留まらず、日朝外交の円滑な推進に影響を及ぼすことに

井伊直孝画像
（彦根・清凉寺蔵、画像提供：彦根清凉寺 / DNPartcom）

なることを直孝は理解している。直孝の役割から考えると、宗氏をクッション役とする日朝関係という枠組こそが、直孝が国際的な情勢を分析して導き出し、将軍家光へ政策提言したものだったとみることができる。

寛永十三年の通信使でやってきた使節たちは、幕閣内に宗氏の敵・味方がいることを実感していた。反対派から宗氏への難題は、結局は通信使への過度な要求としてあらわれ、通信使がそのために譲歩した点も数多くあった。同時に彼らは、宗氏に味方した幕閣・大名からの支援も感じ取っており、感謝の念を抱いていたことであろう。もちろん誰が味方かは承知しており、使節の使行録では義成の味方は直孝と伊達政宗くらいだと書き残している。

通信使の旅程では、直孝の国元である彦根で一泊し、彦根藩によるもてなしを受けることになっている。直孝の朝鮮通信使成功にかける思いは、使節の宿泊を準備する家臣への詳細な指示へとつながり、その応接へと反映されることになった。彦根での手厚いもてなしの背景に直孝の思いがあることを、使節側も感じとっていたようである。

三　通信使の彦根宿泊

通信使への「馳走」御用

他所からやってきた客人をもてなすことを、江戸時代には「馳走《ちそう》」と表現した。旅先で品物を入手し、サービスを受けようとしても、貨幣で購入できるしくみが整っていない時代には、旅人は地元から「馳走」として提供を受けることになる。幕府は通信使の来聘《らいへい》が決定すると、一行が昼の休憩と夜の宿泊をとる「馳走所」と、そこで宿泊・食事・荷物輸送の準備をする大名らを定めた。馳走を担当する「馳走衆」は大名の所領であれば基本的にその領主が命じられたが、幕府直轄領などは周辺の大名や旗本に命じられることもあった。

近江国内での馳走所と馳走衆を第四回（寛永十三年）の場合で示すと、次のとおりである。

大津　　昼休　　菅沼織部《おりべ》（定芳、丹波亀山藩主）
　　　　　　　　小野宗左衛門（貞則、大津代官）
守山　　夜泊　　石川主殿頭《とのものかみ》（忠総、膳所藩主）
　　　　　　　　観音寺

本願寺八幡別院（近江八幡市）　八幡山での昼休所

八幡山　昼休　　市橋下総守《しもうさのかみ》（長政、仁正寺《にしょうじ》藩主）
　　　　　　　　小堀遠江守（政一、小室藩主）
佐和山（＝彦根）　夜泊　井伊掃部頭《かもんのかみ》（直孝、彦根藩主）

また、彦根藩は翌日の昼休地である今須（美濃）の馳走も、美濃の代官である岡田将監《しょうげん》らとともに担当している。

このように、馳走役はそこに領地をもつ大名だけでなく、周辺の大名らへも振り分けられていたことがわかる。このほか、全国の諸大名に通信使一行を輸送するための馬や船の提供が求められた。

幕府にとって数十年に一度の一大事業である通信使は、幕府自身が莫大《ばくだい》な費用を負担したのはもちろんであるが、全国の大名・領主に対しても宿泊や輸送のため臨時の負担をかけることで成立していた。それは、実際には大名の家臣や領民が動員されることを意味した。

彦根藩による馳走

彦根での宿泊は、毎回、彦根藩主井伊家へ馳走が命じられた。彦根では藩をあげて準備し、藩士だけでなく、城下町や周辺の村に住む民衆も関わった。

宿泊を受け入れる彦根での主な準備には、宿泊場所の整備、食事の準備がある。また、藩領内の街道を通行するため、道路の整備もあった。そのほか、荷物の輸送についても幕府から割り当てが命じられており、彦根藩は往路は彦根から大垣まで、復路は彦根から守山までと、彦根を出発して一日で進む区間の馬を負担した。

宿泊当日、三使の応接を担当したのは家老ら重臣であった。家老の木俣守安《きまたもりやす》（第三回〜第六回）・岡本宣就《のぶなり》（第三回〜第五回）、重臣の戸塚正鐘《とつかまさかね》（第四回〜第六回）が応接し、宴席で彼らと親しく交流をもったことが、使節の記録に記されている。井伊家当主は、江戸城で通信使が将軍に対面するときに列座する御用があるため、四回目（寛永十三年）以降はいつも江戸におり彦根を不在にしていた。第三回（寛永元年）には、当主井伊直孝は彦根にいて、準備中の応接所にみずから来て点検していたという。

では、彦根では通信使のためにどのような準備が行われ、どのような馳走が提供されていたのだろう。使節が書き残した記録をもとに、馳走の実態や使節の所感を見ていこう。

使行録にみる宿所の設備状況

三使らは日本へやってきた数か月間、旅の記録を書き残している。それら「使行録」は、江戸時代の通信使全体で約四十本が現存している。公務としての旅行であり、使節の派遣には日本の政情を探る目的もあるため、日々の交渉、各地での見聞などを記録することが使節の使命の一つとされたためである。その中には、宿泊地で受けた応対やそれに対する感想も記されている。旅を続けると、宿泊地ごとに応接の違いを感じることになり、それらも文章から読み取ることができる。

使行録を読むと、彦根で受けた馳走は他の休息・宿泊地とはひと味違うものであったという感想がいくつも見られる。その一つは設備や調度が整っていたり、豪華であったというもので、もう一つは接待の丁寧さである。ハード面とソフト面の両方の点で、彦根藩による応接が優れていると感じたようである。

設備状況に関する記録・感想には次のようなものがある。

第四回（寛永十三年）往路　副使金東溟「海槎録」十一月二十二日条
宿所がりっぱで、応対が礼儀正しいことは、ほかの宿泊地より二倍優れていた。
第四回（寛永十三年）復路　正使任絖「丙子日本日記」寛永十四年正月十四日条
井伊家の領地に入ると、箒《ほうき》を持った者が道を整えており、雨傘や雨具を持った出迎えの者が道にあふれていた。宿泊する建物は昨冬の後に多く追加して造られ、供されるものも極めて豊富であった。このことを問うと、すべて掃部《かもん》（井伊直孝）が指示したことだという。
第六回（明暦元年）往路　従事官南龍翼「扶桑録」明暦元年九月十七日条
宿所の建物は広く、花が飾られ、そろえられた食事がりっぱなことは他の宿泊地には見られない。香炉、机、煙草の諸具などは皆金銀を用いている。この国ではもともと匙《さじ》は使用しないが、一行のために銀の匙と銀の煙管《きせる》を造り、中官以上の皆に提供してくれた。また、冬服を作り、下輩へ支給してくれた。食事では三十六羽もの雉《きじ》が提供され、柑橘《かんきつ》の果物が山積されて出された。
第十一回（宝暦十四年）往路　正使趙曮「海槎日記」正月三十日条
彦根では諸器具の奢麗《しゃれい》なことは陸路中で第一とかつて聞いたことがあったが、その通りである。

また、随行した宗氏は、毎日の進行状況などを報告するため、頻繁に江戸の老中に宛てて書状を送ったが、第五回（寛永二十年）の復路、彦根に宿泊した日の書状では、

今須から彦根への道中で掃除人も付け置いており、道中の道には砂を置き、彦根町中の人が通る筋でない所まで掃除が行き届いていた。見物人の作法も行儀よく、辻での警固もしており、格別の馳走であった。料理の準備もひとしお入念で、使節もかたじけないという様子であった。

と記している。また、彦根藩の馳走の様子として、

道中の所々に水桶《みずおけ》を置いていた。宿所の馳走は他所とは異なり結構なもので、朝鮮人が使うようにということで鼻紙がたくさん積まれていた。

とも書き留めている（「寛永廿癸未年朝鮮信使記録」東京国立博物館蔵）。

このように、宿所の建物や調度に対する評価は高い。その中でも特筆すべきは、第四回（寛永十三年）の往路にくらべて復路は宿泊所が増設された点であろう。当主井伊直孝が往路の応接状況の報告を聞き、宿泊所を追加するよう指示したという。彦根では二か月足らずの間に準備を整え、帰路では往路よりも余裕のある宿泊所が提供されたようである。そのほか、金銀の香炉・机・煙草道具が提供されたとあるが、手の込んだ蒔絵《まきえ》をほどこし

た上質の調度一式が揃えられたのであろう。食事の際には、朝鮮の食事で一般的に用いられる銀の匙を作製して提供したとも記す。

ほかにも、独自の食事や果物が提供されていたことがわかる。寛永十三年の復路で提供した料理は、三使に料理の好みを尋ねてことごとく燔物（あぶり肉）を出している（「寛永丙子信使記録」東京国立博物館蔵）。第十回（寛延元年）の往路では、彦根に入る前の八幡での昼食時に彦根藩主から枇杷《びわ》が届けられている。同年の復路ではりんごが差し入れられた。

雨具と灯りの提供

使行録には、彦根藩から道中の一行へ雨具や灯りが提供されたことも記されている。

第四回（寛永十三年）往路　副使金東溟「海槎録」十一月二十二日条

宗安寺に入るまでの市街十余里の間、家に一灯を架けてあり、道の左右が輝いていた。ここより到着する所までは夕暮れのような明るさで、灯りを架けてあった。ほかにも、燭籠を届けて迎えてくれた。

この時一行が彦根に宿泊したのは十一月二十一日（朝鮮の暦では十一月二十二日）で、

朝鮮人街道　犬上川付近

冬至が近く日の暮れるのが早い時期にあたる。三使らが彦根に到着した時にはすでに暗くなっていた。そこで彦根藩では、城下の手前約十里にわたって家々に灯りを掛けて道の左右から照らした上、燭籠を持って出迎えた。燭籠とは提灯《ちょうちん》のことであろう。朝鮮の一里は約四百三十メートルなので、一行のルートで彦根城下の手前約四キロメートルを測ると犬上川《いぬかみ》のあたりになる。夕暮れ時となり、橋を渡るのに足下が暗くて危険なため、灯りで照らして通行の安全を確保しようとしたのであろう。

寛永二十年の復路でも、彦根到着が夕暮れになったので、宿口よりそれぞれ行灯《あんどん》を灯し、三使の輿《こし》の左右に提灯を五、六十も灯して迎えたことが宗氏の記録に記されている(「寛永廿癸未年朝鮮信使記録」東京国立博物館蔵)。

一行は、毎日約四十キロメートルもの道程を進む。早朝に出発するが、昼の休憩所でも馳走を担当する大名が準備をして待っており、相応の時間がかかる。そのため、宿所への到着は夕刻となり、暗くなった道中を進むこともしばしばあったようである。上記のほか、第六回（明暦元年）往路、第八回（正徳元年）往路でも、彦根までの道中が篝火《かがりび》や灯籠《とうろう》で明るく照らされていたと記録されている。

そのほか、雨天の際には彦根藩は領地の境まで雨傘や雨具を持って迎えに来たという（第四回復路、正使任絖「丙子日本日記」寛永十四年正月十四日条）。

帰国の土産

帰路で使節が彦根に宿泊し、翌朝出立する際に、彦根藩から使節へ餞別《せんべつ》の品が渡されたと使行録に記されている。

第五回（寛永二十年）の復路で、宿泊した翌朝、彦根を出立する時に家老の岡本・木俣らが金扇十本と香盒《こうごう》一具を土産として差し出した。その口上では、この品は主君井伊直孝からのもので、彦根は海から離れていて食事が粗末なものしか提供できなかったためこの粗品を差し上げようというのが直孝の意図である、という説明が添えられた。使節も、彦根での接待は他の宿所とは異なり、餞別の品も誠意から出たものなので断ることもないとして、それらを受け取ったと記す。

土産を渡す理由として直孝の発言を持ち出しているが、粗末な食事しか提供できなかったというのはもちろん実情とはほど遠く、謙遜表現である。これを受け取った使節の判断が、彦根藩の誠意を認めたとあることから、通常は各地の馳走者からの土産は断っていたのであろう。このような謙遜《けんそん》表現を使ったのは、使節が受け取りを承諾しやすくするための方便と思われる。

丁寧な応接の背景

彦根藩のもてなしは、第一回（慶長十二年）から記されている。そのときの宿泊所や器具に対しては「齊楚」とあり、よく整っているという評価であった。ところが、その次の寛永元年の感想になると、「提供された宿所がりっぱで挨拶《あいさつ》の丁寧なことは、他の宿泊地とくらべて格別であった」（姜弘重「東槎録」寛永元年十一月二十八日条）と、他の宿泊地よりも高い評価が記録されるようになる。さらに第四回（寛永十三年）は、井伊直孝が幕府重鎮として朝鮮通信使成功に向けて尽力していた年であり、直孝自身が国元での応接に力を注いでいた。使節にもそれが伝わっており、同年の宗氏の記録には、彦根でのもてなしは入念なものであり、三使も厚く礼を申し上げた、と記されている。

彦根での応接が他所よりも見事であったのはその後も朝鮮で言い継がれており、それを聞いて来訪した使節が実際に彦根で応接を受けて、聞いていたとおりであったと実感する、という繰り返しだったようである。第十回（寛延元年）の従事官曹蘭谷の「奉使日本時聞見録」には、井伊直孝が執政であった丙子年（寛永十三年）の通信使の際、江戸の諸臣は柳川氏に味方する者が多い中、直孝が間に入って周旋して事なきを得ることができ、直孝は我が国に関わることはいずれも心を尽くした、その後の通信使の往来でも彦根の接待は「慕悦の誠」が他所とは異なっていた、今回もその子孫が先祖の意をみずからのものとして実行した、と記す。

これらの感想を見ていると、使節らは彦根での応接について、他の宿泊地とは明らかに異なる上質なもてなしを実感していたことがわかる。それは、井伊直孝が主導してそのようにしていたからである。第三回（寛永元年）でも直孝自身が現場で指示して、その意志が反映されており、第四回（寛永十三年）の準備に際しても直孝が詳細な指示を下していたことを示す文書が残っている。

井伊直孝からの指示

寛永十三年の通信使の日程が定まると、直孝は彦根にいる家老に「御書付《おかきつけ》」という直書を送り、通信使の馳走について詳細な指示を下した。直孝は、家臣統制や領内統治の諸事についてこのような御書付で家臣に詳細な指示命令をしていたが、朝鮮通信使の馳走について指示した御書付は、九月三日付の第一報から帰国時の応接指示までの五通が確認できる（『新修彦根市史』第六巻）。その中で直孝はどのような指示をしていたのか、その内容を少し見ていこう。

宿泊場所については、対馬藩主宗氏の宿泊所は使節の宿の近くがよいという幕府からの方針が出たため、彦根でも該当するような家があれば準備するように、と指示している。使節や宗氏の宿泊場所や通行する所をきれいにしておくようにという指示は詳細で、もし畳が悪ければ彦根城にある藩公用の畳を使ってもよいし、それも古ければ新しく作ってもよいと伝えている。道中の道・橋や城下の掃除も入念にするよう指示している。

料理については、京都から呼んでくる料理人を多い目にするようにと指示している。また、九月三日の御書付では、使節への食材として生きた豚を譲り受ける約束をしたので受け取りに行き、彦根で飼っておくようにと伝えている。豚を譲ってもらった相手は肥前島原藩主の松倉勝家である。第七回・第九回の通信使の際に、他の宿泊地でも長崎から豚を取り寄せている記録があり（高正二〇一〇）、長崎・島原周辺では豚を入手できたようだ。直孝は受け取り方法や彦根までの輸送方法も具体的に指示した。豚は大坂にある松倉氏の蔵屋敷に届くことになっているので、彦根藩の者が受け取りに行き、大坂から淀川・宇治川を上って六地蔵《ろくじぞう》まで船で運び、そこからは大津蔵奉行を務める彦根藩士布下次郎兵衛に任せて大津へ運び、大津からは琵琶湖の水運で彦根まで輸送するようにと記す。調理についても、一行の料理人に任せて朝鮮人が好む料理とするようにと指示している。そのほか、牛肉を提供するようにという記述もある。彦根藩領周辺では古くから牛革を作る職人集団があり、そこから牛肉を入手することができた。そこで直孝は、朝鮮人の好むよう料理して提供するように指示している。寛永十三年の復路では、三使に料理の好みを尋ねて燔物（あぶり肉）を出したということであるが、直孝の指示によって集められた肉がこの時提供されたのであろう。

直孝は御書付の中で、通信使を迎えることは公儀《こうぎ》（徳川将軍）へのご奉公であるため、もてなしのために費用が掛かってもかまわないので、念を入れるようにと伝えている。直孝の気持ちを考えると、直孝自身は幕閣として江戸で使節に接することになるが、使節はそれ以前に彦根で直孝によるもてなしを受ける。彦根での印象が直孝に対する評価、ひいては直孝の主君である将軍家光の威光に関わると考え、使節が感嘆するような応接をするよう家臣に求めたのだろう。

ただし、直孝のもてなし方とは、決して豪華な品をそろえて自身の権力・財力を誇示するようなものではなかった。彦根で使節が受けたもてなしとは、雨具の提供、宿泊施設の改造、行き届いた掃除など、細かい点にまで気配りされたものであった。使節が満足の意を示したのも、旅行者の立場に立って、あるとうれしい物品やサービスが提供されたからではないだろうか。直孝の意識としては、幕府から命じられて馳走しているというより、遠路やってきてくれた客人のために最良のサービスを提供しようという発想であり、その思いは彦根にいる家臣にも共有されていたのであろう。

コラム

使節に供された彦根りんご

朝鮮通信使が彦根に宿泊した際、使節に対してりんごを進呈していた記録がある。

第十回（寛延元年）の通信使の際、彦根藩が準備した食材の記録「朝鮮人来聘帰国下行并御音信帳」（『彦根藩関係文書』彦根城博物館蔵）をみると、六月二十五日、復路で彦根に宿泊した際の食材の中にりんごが記載されている。

三使・上々官　六人　三十個ずつ
上判事・製述官　四人　二十個ずつ
上官・次官　四十三人　十個ずつ

いずれも「髭籠《ひげこ》に入れる」と記されている。髭籠とは、竹や針金で作った籠で、編み残した端が髭のように出ているためその名がつけられており、贈り物を入れるのに用いたという。このような進物用の籠を用いて使節それぞれに差し出されたことがわかる。このころ食されていたのは小ぶりな和りんごであり、その収穫時期は旧暦で六月後半から七月頃であった。通信使が復路で宿泊した頃、ちょうど収穫できたりんごを追加して使節に贈っ

彦根りんご図（個人蔵）
昭和初期に彦根で植えられていた和りんごを描いた作品。

たのであろう。
江戸時代の知識人たちは、中国由来の「本草学」（薬学・栄養学）の情報をもとに、健康によい食物に関する情報を持っていた。その根本的な書物である『本草綱目』には、りんごを食すことで、漢方でいう「気」を下げ、痰《たん》を除去し、霍乱《かくらん》（暑気あたり）や腹痛を治す、といった効能が記されている。現代の科学的な成分分析によって、りんごには食物繊維やビタミンC、ミネラル、カリウムが豊富で、胃腸を整え、塩分を排出し、抗酸化作用があることが知られているが、当時もりんごの薬効は知られていたのである。そのような薬効のためでもあろう、江戸時代前期から、幕府や諸大名の間でりんごが贈られていた。通信使に対しては、第七回（天和二年）に京都で出されていたことが確認されている。

彦根藩内では、江戸時代中期には藩士宅の庭などでりんごが栽培されていたことをいくつかの史料から確認している。季節限定の珍しい果物は、各大名からもてなしを受けた通信使一行にとっても、大藩らしさを感じ取る一つとなったことであろう。

第四章

通信使を迎えた彦根

一　彦根城下町に設けられた宿泊所

通信使の宿泊所

彦根での通信使の宿泊所としては宗安寺《そうあんじ》が有名である。当初から宗安寺は三使らの宿泊に用いられた。第七回（天和二年）の記録によると、宗安寺に宿泊したのは三使のほか、上々官・上官・小童・学士・医師であったという。中官・下官や随行した宗氏らは、周辺の寺院や町人宅にわかれて宿泊した。

第一回（慶長十二年）は、城下町の整備途中の時期にあたり、のちに宿泊所として使用される寺院でまだこの時には建立されていないものもあった。そのため、宗安寺以外の宿所は限られたものだったであろうが、詳細は不明である。

第七回のように城下の寺院や町人宅に分宿するようになったのは、井伊直孝の時代であろう。前述したように、第四回（寛永十三年）には直孝みずからが詳細に指示を下して準備を進め、帰路では往路よりも宿泊所が追加されて造られたという。この追加が、宿泊に供する寺院・民家の数が増えたのか、それとも宿泊所内での設備が増設されたのかは不明

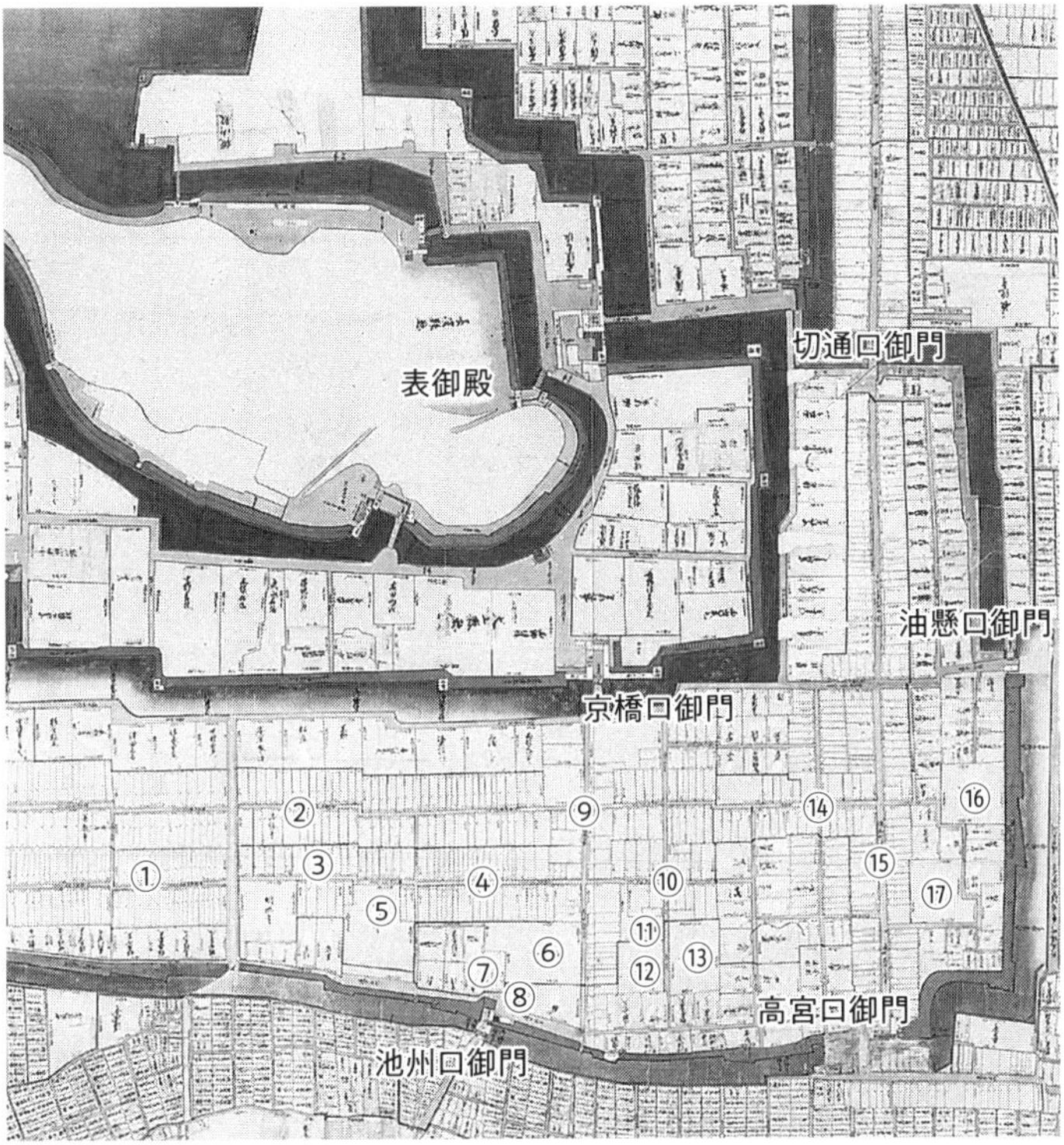

①	下魚屋町	②	連着町	③	職人町	④	上魚屋町	⑤	明性寺	⑥	宗安寺
⑦	江国寺	⑧	善照寺	⑨	本町	⑩	紺屋町	⑪	願通寺	⑫	来迎寺
⑬	大信寺	⑭	白壁町	⑮	伝馬町	⑯	蓮華寺	⑰	長松院		

彦根での通信使の宿泊地　「彦根御城下惣絵図」（彦根城博物館所蔵　画像提供：彦根城博物館 / DNPartcom）**に加筆**

⑨享保 4	⑩寛延元	⑪宝暦 14
宗安寺	宗安寺	宗安寺
	宗安寺	宗安寺
	宗安寺	
来迎寺 大信寺	来迎寺 大信寺	来迎寺 大信寺
蓮華寺 願通寺 明性寺	明性寺 願通寺 善照寺	明性寺 蓮華寺
	蓮華寺 ＊焼失につき仮屋を建てて荷物宿とする	
林吉兵衛	林吉兵衛 北隣 南隣 2 軒 東隣	林吉兵衛
	城下町方 126 軒	
	白壁町十兵衛 同町庄兵衛 伝馬町吉兵衛	
	上魚屋町八右衛門 同町久左衛門	上魚屋町松原庄右衛門 白壁町伝治
		連着町善兵衛 職人町小兵
	願通寺 法蔵寺 理応院 白壁町源右衛門 同町伝次 紺屋町伝介 元川町弥次兵衛 上魚屋町九兵衛 職人町伝兵衛 下魚屋町角田半四郎 本町磯部三郎兵衛	願通寺 大信寺塔頭法寿庵 下魚屋町小武半四郎 職人町伝兵衛 蓮華寺塔頭理応院 上魚屋町勘四郎 本町磯部三郎兵衛 上魚屋町久左衛門 白壁町源右衛門
		連着町義兵衛
江国寺	江国寺 善照寺 松原庄右衛門	江国寺 長松院
C	B・204	D

朝鮮通信使の彦根城下宿泊所

		①慶長 12	③寛永元 ④寛永 13 ⑤寛永 20 ⑥明暦元	⑦天和 2	⑧正徳元
通信使	三使	安国寺	宗安寺	宗安寺	宗安寺
	上々官			宗安寺	
	上官、小童、学士、医師			宗安寺	
	中官			来迎寺 大信寺 本町代官衆宅	
	下官			蓮華寺 明照寺 願通寺	
	荷物宿				
対馬藩	宗対馬守（当主）			青根孫左衛門	
	家臣				
	家老				
	通詞下知役				
	同　帰国時追加				
	通詞				
	同　帰国時追加				
長老					
典拠史料		A	A	B ･201	A

典拠史料：A　使節の使行録
　　　　　B 『新修彦根市史』第 6 巻　番号は所収史料番号
　　　　　C 「井伊年譜」彦根城博物館蔵
　　　　　D 「朝鮮人帰国於彦根役割」彦根市立図書館蔵

であるが、この時増設された規模が次回以降の先例となり受け継がれたと考えてよいだろう。その後も、年次により多少の違いはあり、都合により調整されたのであろうが、基本的に前回の宿割を踏襲《とうしゅう》して準備された。

宿泊所となったのは、寺院のほか町人宅もある。いずれも、通信使の宿泊にあたっては、建物を改造することになる。宗安寺は、通信使のために寺院を用いる期間、分院の称名院（城下東端に所在）に移り住んだと伝わる。

宿泊所に用いられた寺院・町人宅

宗安寺のほか、その付近にある寺院も一行の宿泊に用いられた。中官・下官の宿泊所に使われた来迎寺《らいごうじ》・大信寺《だいしんじ》・願通寺《がんつうじ》は寺町にあり、明性寺《みょうしょうじ》も宗安寺の裏道を出てすぐのところにある。蓮華寺《れんげ》は彦根城下を貫く街道から脇に折れた正面にある寺院で、第九回（享保四年）までは下官の宿泊所と荷物置場としていたが、その後、焼失してしまった。そこで、第十回（寛延元年）の通信使にあたり、彦根藩では代わりとなる荷物置場を探したが、他の候補地は道幅が狭かったり、荷物を下ろした馬を移動させる別の道がないため混乱する可能性が指摘されて、蓮華寺に仮設の建物を建てて荷物置き場として使用されることになった（「御城使寄合留帳」延享四年三月六日条、彦根城博物館蔵）。第十一回（宝暦十四

寺町に立ち並ぶ寺院　来迎寺（左）、願通寺（左奥）、大信寺（右）

年）には間に合うように本堂の再建が進められたようで、このとき再び下官の宿泊所として使用されている。

随行した外交僧二名は江国寺《こうこくじ》を宿所とするのが定着していた。第十回（寛延元年）からは江国寺に加えてもう一か寺が宿所とされている。彼らは、京都五山出身の高僧で、柳川一件を契機として幕府の指示で対馬の以酊庵《いていあん》に派遣されて、朝鮮外交の文書の作成と解読を担当した。通信使には対馬から江戸までの全行程で同行しており、対馬藩主の意向を文書で使節に伝える際、その文書を漢文で作成するのが彼らの主要な役割であった。

対馬藩主宗氏の宿泊所

対馬藩主宗氏の宿所は、当初は本町の青根

孫左衛門宅であったが、中期以降は林吉兵衛宅に置いた。青根孫左衛門は、彦根城の築城当初、本町に最初に家屋敷を拝領した有力町人の一人で、京橋の前に広大な屋敷地を拝領した。当初、幕府役人など公用の客人はその屋敷に宿泊したといい、寛永十一年(一六三四)の将軍家光の上洛時には老中土井利勝の宿所に提供されたと伝わる。しかし、元禄十四年(一七〇一)の「長曽根《ながそね》火事」と呼ばれる城下の大火災で焼失した後は、通信使に随行する宗氏の宿泊所は京橋通り沿いの中程にあった林吉兵衛宅が用いられている。ただ、大名の宿泊所である「本陣《ほんじん》」とするにはその一軒だけでは狭かったため、北隣一軒と南隣二軒をつなげて使用し、東側(裏側)の家を荷物置き場に改造して宿泊に使われた。

対馬藩士は、本陣以外にも分かれて宿泊している。家老は朝鮮人街道沿いの伝馬町《てんまちょう》やその近辺の白壁町《しらかべちょう》の町人宅に宿泊した。また、一行には通訳を務める対馬藩士が大勢同行しており、その数は第十回(寛延元年)には通詞《つうじ》が四十七人、通詞に指示する通詞下知役が十人いたという。彼らは宗安寺近くの寺院や町人宅に分かれて宿泊した。

使節一行の宿泊は往復それぞれ一泊ずつだけであるが、天和二年の例では、一行の宿泊に先立って、①宿所を見分する対馬藩士二名、②将軍へ贈呈する馬五疋・鷹百聯《れん》とこれに同行する朝鮮使節二名、同行する対馬藩士、③随行する対馬藩士の宿割をするための藩士二名、の三隊が順次やってきて、それぞれ彦根で一泊している。

二　宿泊所の中核・宗安寺

寺院内の用途

宗安寺は浄土宗の寺院で、井伊直政の正室・東梅院《とうばいいん》が上野国《こうずけ》（群馬県）箕輪《みのわ》に建てた安国寺《あんこくじ》を前身とする。井伊家の所領が箕輪から高崎、佐和山、彦根へと移るのに伴い、安国寺も移転してきた。第一回（慶長十二年）の通信使以来、毎度この寺院が三使らの宿泊所とされた。慶長十二年には寺院の名称は「安国寺」であったが、その後、宗安寺へと改称している。その理由は、関ヶ原合戦で敵方となった安国寺恵瓊《えけい》の名を避けたためと伝わる。東梅院は、松平周防守忠次（系譜史料では康親という名で表記される人物）の娘で、徳川家康の養女として直政に嫁いでいる。その縁で寺内の一角には権現堂《ごんげん》が建てられ、その中に家康の尊牌《そんぱい》が祀られている。宗安寺は彦根における家康の菩提所という位置づけもあった。

宗安寺が通信使の宿泊所に選ばれたのは、京橋通りという城下のメインストリートに面して建っており、敷地が広大であること、井伊家との繋《つな》がりが深いことが挙げられるだろう。

宿泊の際に宗安寺の内部がどのように使われたのか、断片ながらうかがえる史料がある。第十回（寛延元年）の宿泊に際して藩の作事方が各寺院に造作を加えた記録である「朝鮮人御馳走御用御入用積作事方万仕様帳」（宗安寺蔵）と、第十一回（宝暦十四年）の復路での藩の担当者を書き上げた「朝鮮人帰国於彦根役割」（彦根市立図書館蔵）である。これらから、当時の宗安寺の様子と、各部屋をどのように使用したのかを見ていく。

当時の宗安寺には、本堂・書院・方丈《ほうじょう》・庫裏《くり》・衆寮《しゅりょう》などの建物が建っており、敷地内には塔頭《たっちゅう》の運光庵・行心庵・慶昌庵・仙寿庵もあった。三使の居室は書院に準備され、その中の正使の間の床の間には国書の入った書簡箱を置く台が造られた。本堂脇の部屋や方丈などは屛風や幕などの仕切りで小部屋を作り、各使節の部屋や対馬藩士の詰所が用意された。

塔頭の慶昌庵は製述官と書記の、仙寿庵は写字官と画員の宿泊部屋にあてられた。行心庵は、往路は将軍へ献上の鷹を世話する鷹匠《たかじょう》が泊まり、帰路は宗氏当主の御供《おとも》の休憩所とした。運光庵は宗氏の休憩所として使用された。宗安寺の南隣は藩の勘定所《かんじょうしょ》が置かれていたが、往路はここを献上の鷹や馬を置くために利用し、帰路は荷物置場とした。

使節宿泊のための改造

使節一行の宿泊施設とするため、宗安寺は大がかりな改造がなされた。それらは、建物の増設と入口の仮設に大別できる。

増設した建物には、まず、書簡輿置所がある。梁《はり》一間《けん》（約一・八メートル）、桁行《けたゆき》一丈《じょう》一尺《しゃく》（約三・三メートル）で輿を置く所の周囲に廊下をめぐらせた構造物である。国書は朝鮮国王を象徴するものとして、輿に入れられ、行列の中心を占めた。宿泊所では、国書は正使の部屋に置かれたが、輿は境内の一角に置くことになり、専用の設置所が造られたのである。

国書を運んだ輿　「正徳度朝鮮通信使行列絵巻」より
（大阪歴史博物館蔵）

次に三使の台所がある。二間半（約四・五メートル）×十三間半（約二四・五メートル）の細長い建物で、三使の居室への廊下、物置などもあわせて造られた。位置は書院の近辺と思われる。この台所では、三使や上々官の食事が調理された。初期の通信使では、三使らへは彦根藩側が準備した本膳料理を出していたが、第七回（天和二年）の復路からは特定の宿泊地以外では馳走衆側で食材を準備しておき、一行の中の料理人がそれらを調理する方法へと変更になった。彦根藩もその変更の対象となったため、一行の中の料理人が調理するために仮設で造られたのがこの台所である。なお、中官以下は藩側で常の御膳を準備することになっており、藩の料理人が調理した。そのほか、三使以下、居室ごとに湯殿《ゆどの》と雪隠《せっちん》が建てられ、あわせて湯殿で使う湯を沸かすための釜屋も造られている。仮設であるが、「バス・トイレ付き」の部屋が準備されたのである。

仮設された出入口

仮設された入口は三か所あった。その一つは上魚屋町《かみうおや》の町人宅に料理会所《かいしょ》が置かれ、そこから宗安寺内へ直接入る仮廊下としてつけられた通路である。上魚屋町の南面の町家の裏側が宗安寺の境内北端と接しているという位置関係にある。宿泊当日の主要な応接の一つが食事の準備であったが、上魚屋町にはそれを統括する本部が置かれたのであった。

使節に提供する食材は質量ともに膨大であった。三使らの食事は使節の料理人が調理するため、幕府で定められた分量の米・調味料・食材を準備し、それ以外の使節には客用の御膳を出した。食事以外にも、酒・肴《さかな》、果物、茶・菓子などが振る舞われている。これらに用いられる食材の調達や数量管理、調理所の準備、食器の調達、料理人や運ぶ者の確保など多くの役割が発生することになり、それらに藩士・足軽・藩の料理人らが割り当て

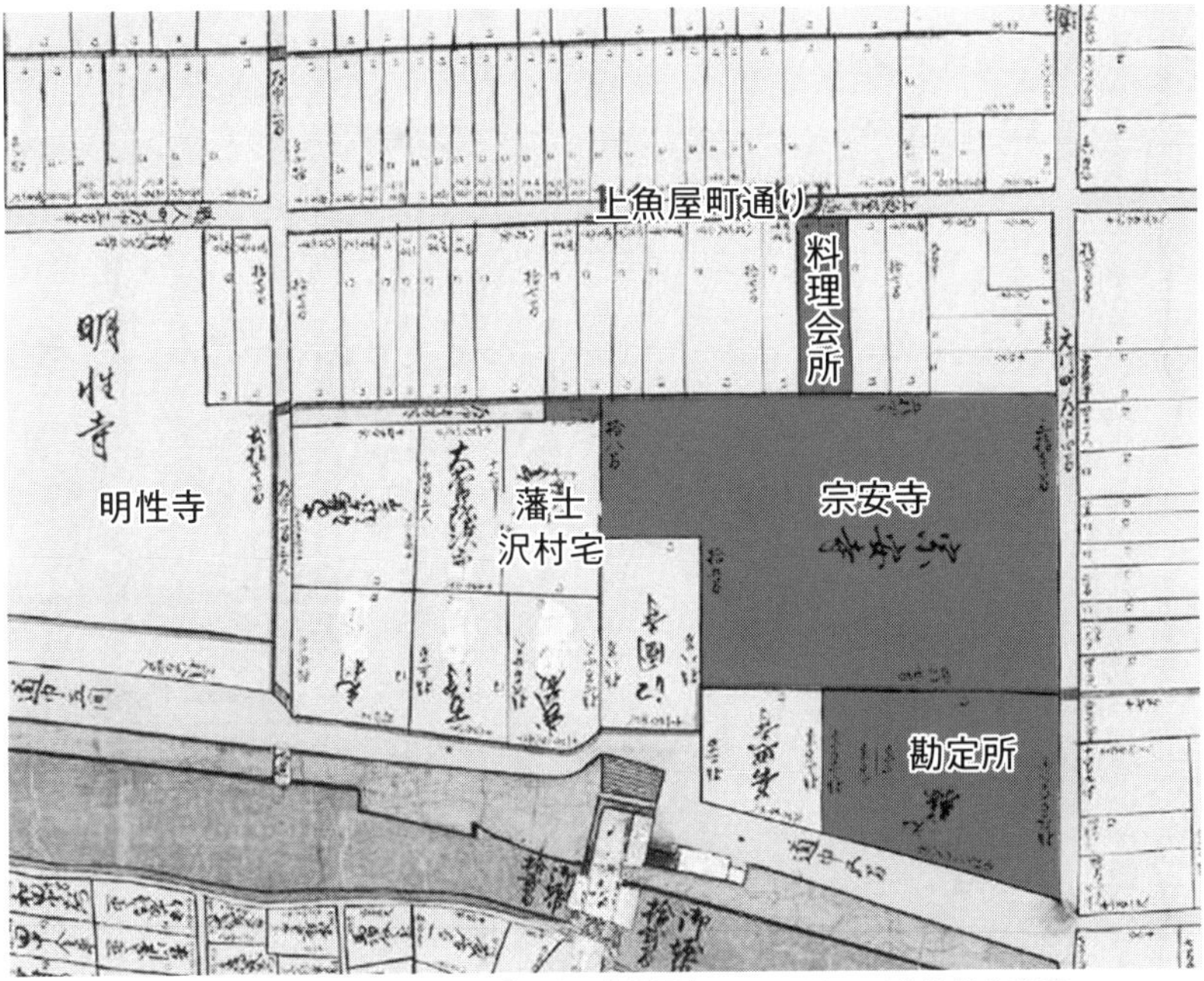

使節宿泊用に一体化された空間　「御城下惣絵図」（部分、彦根城博物館蔵）**に加筆**
周囲の屋敷が宗安寺につなげられて応接準備に用いられた。上魚屋町料理会所の位置は、天明５年の同町略絵図（奥野家文書、滋賀大学経済学部附属史料館寄託）をもとに宝暦14年のものを推定。

られ、一部には城下町の町人や村人も動員されている。それらを統括する者が詰めたのが料理会所で、そこは宗安寺へ出す料理を準備する仕出所も兼ねていた。料理会所は上魚屋町の町人宅に置かれ、第十回（寛延元年）は庄次郎宅、第十一回（宝暦十四年）は市郎兵衛宅が用いられている。

二か所目は、宗安寺の裏側（西側）につけられた仮設通路である。宗安寺の裏側には藩士沢村氏屋敷があり、その西側の道から沢村氏屋敷の入口へ路地が引かれていたが、通信使の宿泊にあたってこの路地を宗安寺敷地まで延長し、宗安寺の敷地から明性寺側へ直接出られるようにした。なお、三使の湯殿は沢村氏屋敷の東側に建てられており、湯殿用の釜屋は沢村氏の屋敷内に造られた。

もう一か所は、宗氏の休息所となった塔頭運光庵と、隣接する勘定所との間につけられた出入口である。通常はその間にある壁を取り払って行き来できるようにした。

これら仮設の入口は、種々の用務を担った藩士らが出入りした通用口といえる。大きな御殿・屋敷では一般的に、来客用の表玄関のほかに内部の者が出入りする通用口が設けられているが、宗安寺の周辺に仮設された入口も同様の性格のものと位置づけられるだろう。また、通用口を設けた先にある勘定所・藩士沢村氏宅・上魚屋町町人宅は、馳走を準備するバックヤードとして利用されており、使節が宿泊する宗安寺の一部の機能を担ったことになる。

このように、彦根藩は通信使の宿泊にあたり中核施設である宗安寺の周囲の建物も一体として取り込みながら大がかりな改造を行い、使節へ快適な宿泊を提供しようとした。

宗安寺周辺の警備体制

通信使の宿泊に際して、宗安寺内やその出入り口、城下町への入り口などには最大級の警備体制が敷かれた。各所に番人が置かれ、寺院内を見廻る者も配置された。朝鮮から持参されている珍しい品を保管していることと、台所や釜屋で火を使っていることから、盗人と火の用心には特に気をつけるようにと警備する者に言い渡されている。

寺内の主要な場所には仮設の番所が建てられ、そこで足軽が寝ずの番をした。番所が建てられた場所は、本堂脇、台所前、三使湯殿入口前、国書輿置所脇と、仮設の入口をつけた上魚屋町町人宅の表入口、沢村氏宅に付けられた道の柵門の脇、勘定所二か所（表門、馬出し内）であった。

宗安寺でもっとも厳重な警備体制が敷かれたのは正門である。正門の外に一間半×四間半の番所が建てられて井桁《いげた》の幕が張られ、その中に弓十張・鉄砲十挺《ちょう》が並べられた。番所の外には鳥毛鑓十本・寄棒十本が立てられ、それぞれを扱う足軽らが控えた。

城下町では、堀に架けられた橋の内側に設けられた各門で臨時の警備体制が敷かれた。特に街道沿いにあたる高宮口御門や切通口御門、油懸口御門、本町口（池州口）御門の番所には、宗安寺正門前の番所と同様、弓と鉄砲が並べられた。そのほか、街道の通る伝馬町周辺から宗安寺近辺までの辻ごとに、「辻固め」として藩士一名と足軽二名ずつが出て警固した。

コラム

宗安寺の黒門について

宗安寺は京橋通りに面して建っており、通り沿いには朱塗りの正門（通称赤門）のほか、約十メートル南側に黒門と呼ばれる小門がある。

黒門は、朝鮮通信使をもてなす料理に用いる肉類を運び入れるために造られたという説があり、宗安寺と朝鮮通信使の関わりを述べる際には必ずと言っていいほど取り上げられている。ところが、これまで見てきたとおり、通信使の宿泊にあたって寺内では大がかりな改造が行われ、彦根藩士らによる厳重な警備体制が敷かれたが、それらの史料には黒門についての記述は見当たらない。そこで、宗安寺の歴史と黒門に関する伝承の移り変わりを見ていくことにより、この説について整理しておきたい。

黒門に関する各説の起源を探ると、宗安寺二十九世の宮川桂禅住職の著作にたどりつく。『寺史簿』（大正十五年）では、朝鮮人を表門より出入りさせるのは権威に関わるという階級観念により正徳年間に建てた、とする。同住職の別の著作では、通信使数百名が宿泊するに際し、黒門は藩主の命により新たに建築して通行させたもの、と説明している（『宗安寺誌総説』昭和十六年）。一方、朝鮮通信使の先駆的研究者といえる松田甲《こう》は、昭和二年、宗安寺を訪問して宮川住職から黒門について、「高麗門と称するは、同寺の正門より左に

宗安寺正門と黒門（左の小さな門）

離れたところにあるが、此れは朝鮮の人の食料として肉類を正門より搬入せざらんが為め、当時特に建てたるものと言ひ伝へられてある」と聞いたと書き残している（『続日鮮史話』第一編）。これらの説を紹介された宗安寺の竹内眞道住職は、戦前の朝鮮に対する感情から通信使を朝貢使節と認識し、小さな黒門を通したと解釈されたのではないかと『寺史簿』などの論を否定的にとらえ、食料を入れる勝手口とする方が妥当とされた。しかし、宗安寺に伝わる「朝鮮人御馳走御用御入用積作事方万仕様帳」など江戸時代の記録類に黒門が記述されていないことに疑問を呈しておられる（竹内一九九〇）。

先に見たように、通信使の用務で働く者が出入りするため、宗安寺の裏側三方向に臨時の通用口が設けられていたことが確認できた。中でも、上魚屋町に料理会所が置かれており、その他、同町内に「肴物渡会所」や「青物渡会所」が置かれていたことも記録されているため、食材は上魚屋町に集められて料理会所側の通用口から搬入するのが自然な流れと思われる。

また、寺の他の出入口では仮の番所が建てられ、警備の者が配備されているが、黒門ではこれが確認できない。それは、黒門はこの時には存在していなかった、あるいは通行できるような状態ではなかったためと判断するのが自然であろう。

ではなぜこのような説が広まったのだろう。そこにはいくつかの誤認が重なった可能性がある。一つは、日本建築では城や寺社の門を構造で分類して名称をつけているが、その一つに「高麗門《こうらい》」がある。屋根が小さいのが特徴で、黒門もその形式に分類される。宮川住職から松田氏への説明の中にも「高麗門」という語が登場する。本来は門の形式を指す「高麗門」という語がいつの間にか朝鮮通信使ゆかりの門と解釈されてしまったのではないだろうか。もう一つは、通信使の食料を搬入するために特に建てた、という事実は上魚屋町の仮設入口を指すのであれば正しいため、この仮設出入口を黒門と誤認した可能性がある。通信使宿泊のためにわざわざ食料用入口を設置したという伝承を聞いて、寺院に現存している高麗門がそれだと判断してしまったのではないだろうか。

三　街道整備と二つの茶屋

藩領の街道整備

通信使の通るルートのうち彦根藩領は、南は垣見村（東近江市垣見町）から、愛知《えち》川、山崎山の麓、宇曽《うそ》川、犬上《いぬかみ》川、芹川を過ぎて城下町に入り、佐和山の切通《きりとおし》峠、鳥居本宿、摺針《すりはり》峠、番場宿、丹生《にゅう》川を越えたところまでで、次の醒《さめ》ヶ《が》井《い》宿から幕府領（享保九年〈一七二四〉から大和郡山《やまとこおりやま》藩領）となる。彦根藩は通信使通行の準備として、この区間の街道やその周辺にもさまざまな整備を行った。

彦根藩による整備計画が示された絵図が現存している（次頁絵図）。この絵図は、南（八幡町側）は垣見村から北（美濃側）は丹生川まで、藩領の朝鮮人街道・中山道を描き、仮設物の位置や特記事項などを書き込んだものである。第十一回（宝暦十四年）の通信使の準備に際して作成されたと考えられ、内容そのものは前回の第十回（寛延元年）で整備したものを記し、前回と異なる点は貼紙にて注記が加えられている。例えば、蓮華寺は、焼失したため第十回は仮屋を建てて荷物置き場にしたが、本堂を再建中なので、次の通信使で

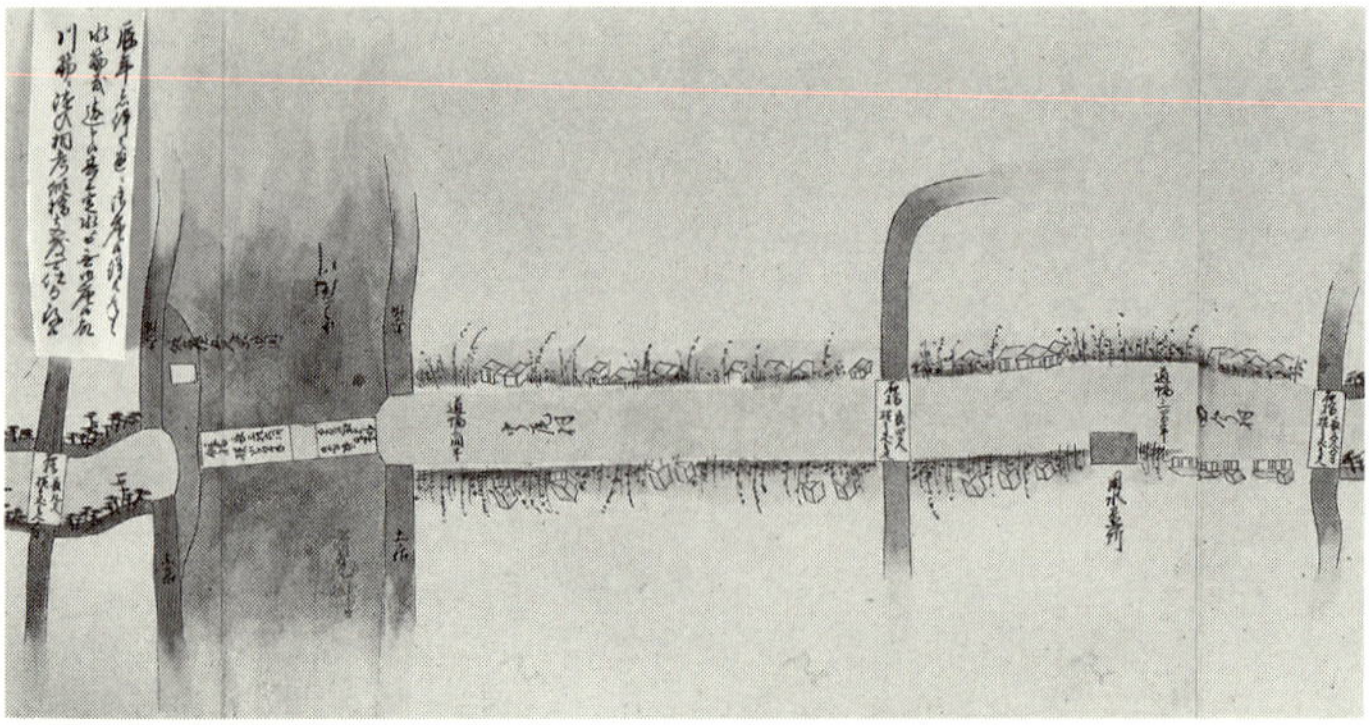

彦根藩領朝鮮人街道修復之図　犬上川〜西今村付近（個人蔵）

は完成して使えるようになるだろうと記す。

この絵図は、彦根藩の絵図役が作製した公的な絵図と見られる。通信使を迎えるにあたり街道の整備予定を幕府へ届け出るために作られた可能性が高い。この絵図により、通信使の通行に際して改修や仮設といった手の加えられた内容を見ていきたい。

街道上の数か所に、橋、用水置所、雪隠が設置されている。江戸時代、大きな川には防御の意味もあって恒常的な橋は架けられていなかった。藩領の朝鮮人街道では愛知川と犬上川（絵図では宇尾川と表記されている）がそれに該当する。通信使の通行に際して、この二つの川に仮橋が架けられ、徒歩のまま渡れるようにした。また、街道沿いには「用水置所」が十六か所描かれている。ここに、一行や長距離にわたって荷物を運ぶ人馬へ供する水が準備されたのであろう。その一つには、現在「十王《じお》村の名水」として親しまれている西今村（現西今町）の湧き水の地点もある。

街道沿いにある湧水「十王の水」

江戸時代の地誌「淡海木間攫《おうみこまざらえ》」にも「十王水という名水」と紹介されており、当時から名水として知られていた。また、仮設の雪隠（トイレ）は山崎茶屋に二棟建てられたほか、愛知川、犬上川、丹生川の川岸にもそれぞれ建てられている。

絵図の末尾には全般的な修繕内容について文章で表記されているが、その中に

・一里塚前にある竹木は伐り払う

・摺針茶屋下の並木の梢は、先年のとおり伐り払い、湖水を見通しよくする

という箇条がある。街道には一里（約四キロメートル）ごとに一里塚《いちりづか》が置かれていたが、その周辺に竹木や雑草が生えていればそれらを伐採させた。また、摺針峠は眼下に琵琶湖が望める絶好の眺望ポイントであるが、ここの見通しをよくするために峠の下に生えている木の梢《こずえ》を伐採させた。

また、街道上の諸施設の改修について示した箇条では

・馬宿入口の土居に竹矢来を造る
・彦根領内の所々にある高札は、文字が見えかねる分は板を白く削るか、新しく認め替える

と記されている。宿場の入り口には土居が築かれ、その上に竹で編んだ竹矢来《たけやらい》が設置されることになっていたが、設置から年月が経つと劣化するため、この機会に新しいものに取り替えるよう指示が出されたのである。また、城下町や宿場町の中心地に設置された高札場には、木の板に墨書した高札が数枚掲げられていたが、これも日常的に風雨にさらされているため、次第に板が変色して文字が読みづらくなっていく。そのためこの機会に板を削って文字を書き直すか、板そのものを取り替えるよう指示が下された。そのほか、宿場や街道沿いの村々に見苦しい所があれば修繕し、目隠しとなるものを造る、という箇条もある。彦根藩は、通信使一行から自領内を見られることを意識し、その目に触れる範囲に手を加えて見苦しくないように整えようとしたことがわかる。

幻の山崎茶屋

彦根藩領の街道には、通信使一行が休息するための茶屋が二か所設けられていた。一か所は山崎、もう一か所は摺針峠である。

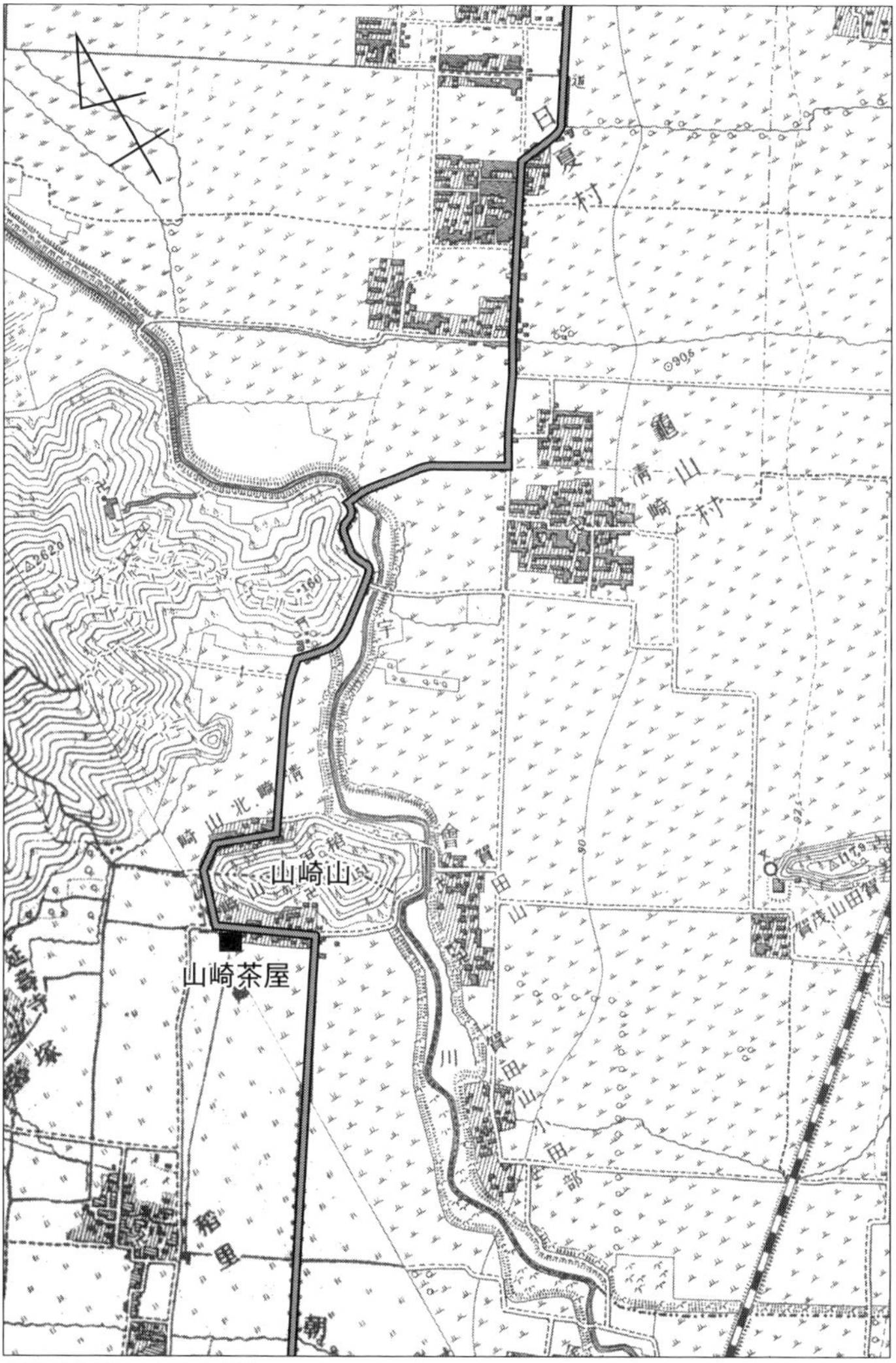

朝鮮人街道　山崎山付近
（1893年〈明治26〉測量の大日本帝国陸地測量部による２万分の１地形図「高宮」および２万５千分の１地形図「能登川」に加筆）

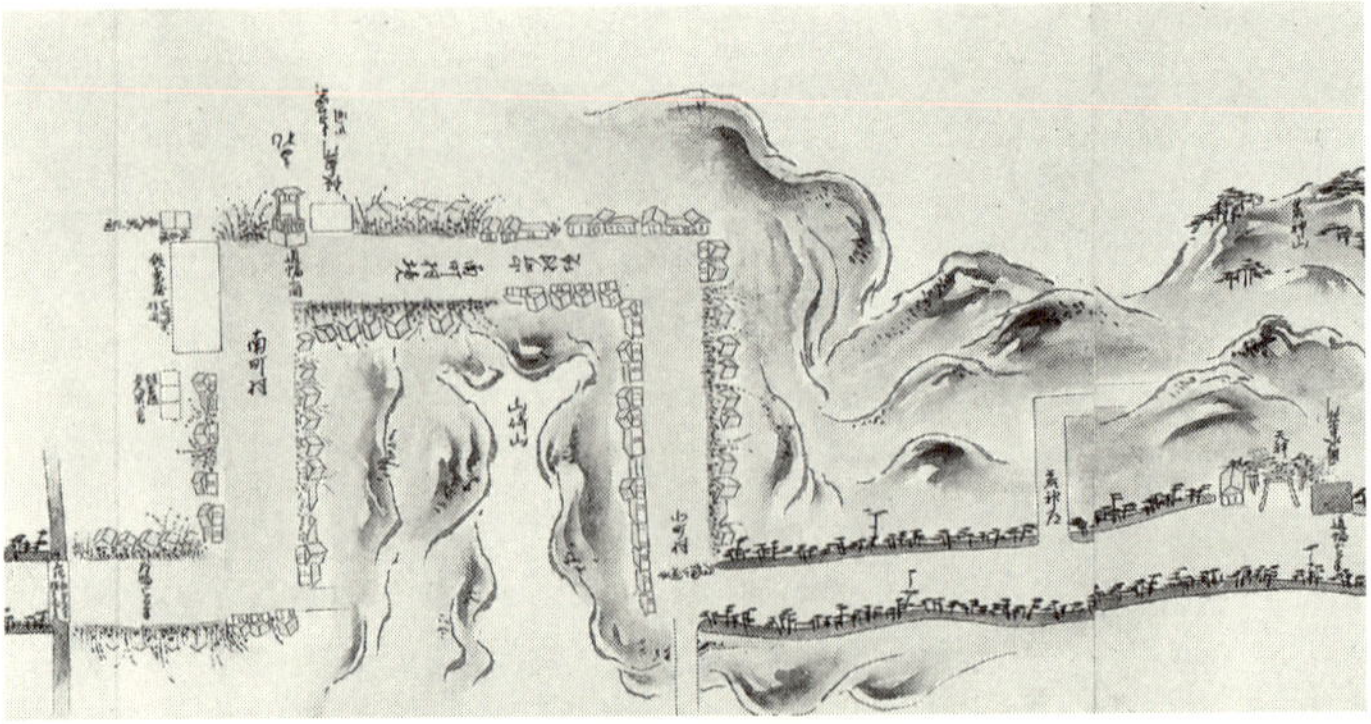

彦根藩領朝鮮人街道修復之図　山崎茶屋〜荒神道付近（個人蔵）

山崎茶屋は、山崎山のふもとにあった。山崎山は、通信使一行が八幡町で昼食の休憩をとり、安土城下を経て愛知川を越えて正面に見える山である。彦根藩では、藩領に入ってまもなくの山崎山のふもと、山崎南町村に茶屋を建て、ここで使節へ茶を提供した。

これまで、山崎に茶屋が置かれたことは知られていたが、その位置は不明とされていた。近年朝鮮人街道のルートを解明した滋賀県教育委員会による『中近世古道調査報告書一　朝鮮人街道』（一九九四年）や『「朝鮮人街道」をゆく』（一九九五年）でも、山崎茶屋の位置は特定できていない。

ところが、「彦根藩領朝鮮人街道修復之図」には山崎茶屋がしっかりと描かれている。朝鮮人街道は、能登川方面から山崎山へ一直線に向かったあと、山崎山のふもとで左折すると山裾を時計回りに進み、宇曽川を渡って彦根方面へと進むという独特の道筋を通っている。山裾の直線の突き当たりに高札場があり、その手前左側に茶屋が建てられていた。

山崎山には、戦国時代、山崎氏の居城である山崎山城が置かれていた。山崎氏はもともと守護大名六角氏の配下にあったが、織田信長の近江進出後、信長に仕えている。信長は安土城を築き、岐阜から安土を経て京都に向かう道を整備して行き来したが、天正十年（一五八二）、武田氏を滅ぼした信長が安土に凱旋《がいせん》するにあたり、城主山崎氏が山崎に御茶屋を建てて信長の休息に供したことが『信長公記』に記されている。当時の城郭の全容も不明であり、この御茶屋の場所も特定できない。江戸時代の茶屋は通信使の休憩用に街道沿いに造られたもので、信長時代の建物との連続性は薄く、江戸時代になり新設されたとみるべきだろう。

江戸時代になると、山崎山のふもとには「山崎北町村」「山崎南町村」という村落が置かれたが、村名に「町」を含んでいることや、山裾の街道沿いに屋敷地が連なっていることから、本来は山崎山の城下町あるいは街道の宿場的な町場があった可能性が指摘されている。行政区分としては「村」に位置づけられたが、明治六年に作製された北山崎村の地券取調総絵図によると、山崎山は「古城山」という小字名がつけられており、地元の人々はここが旧城郭であったと認識していたようだ。

彦根藩がここに茶屋を建てたのは第六回（明暦元年）の通信使に際してのことと推定で

山崎山に向かう朝鮮人街道　古写真（山崎自治会蔵）

きる。その根拠の一つは、同年の従事官南龍翼の使行録にある「路辺処処、新造茶屋」という記述である。一行が彦根城下に入った日の記述に出てくる。一方、後述する第八回（正徳元年）に準備を担当した藩士の記録からみて、第八回は初回ではないと考えて間違いない。そうすれば、遅くとも第七回にはあったはずであり、さらに直孝の指示によって通信使への応接が充実してきたことを考え合わせるならば、山崎茶屋の設置も直孝の指示とみるのが自然であり、南龍翼の記述する「新造茶屋」が山崎茶屋のことである蓋然性が高い。

使行録では、第十回（寛延元年）の往路で、「路傍に四間の板屋が設置されており、使節が小休みをとった。三使は中に入って座し、時が経ってから出発した」と、山崎茶屋での小休みの様子が記されている。

茶屋が山崎に建てられたのは、藩領に入ってまもなくという旅程の都合や、旧城郭のふもとの町場という点が考慮されてのことであろう。絵図には、仮設の建物として、二間（約三・六メートル）×十間（約十八メートル）の茶屋と、雪隠が二棟（五尺×三間、五尺×二間）、番所（一間×二間）が描かれている。

山崎茶屋での応接

山崎茶屋での準備を担当した藩士の記録（「正徳元辛卯年朝鮮人来聘帰国山崎御茶屋御用之留記」『花木家文書』花木勉氏蔵、彦根城博物館寄託）が現存しているので、それに基づいて山崎茶屋での応接の様子を見ていこう。

この史料は、第八回（正徳元年）のものである。この年、往路は十月三日、帰路は十二月二日に彦根に宿泊した。そのほか、進物の馬と鷹は使節より先に江戸へ向かうため、その一行が通過した時にも応接した。

担当した藩士は花木十介・和田甚五右衛門（いずれも百石取）・内山弥門吉の三名で、道具をそろえて茶屋まで運び、終了すればそれらを戻す作業を指揮した。また、使節が通行する当日は往路・復路とも二人ずつが現地へ詰めて、応接全般を統括した。

準備は、まず必要な道具を藩の各部局から借用して集めるところからはじまる。使節一行にはそれぞれ茶を点《た》てて出すことになっているので、茶の湯の道具一式を藩の茶道方から受け取った。台子《だいす》飾り、風炉釜のほか、清水《きよみず》焼の茶碗が百個準備された。藩には臨時の客人用の道具として桶・柄杓《ひしゃく》や煙草盆などが保管されていたようで、それらを御馳走道具方の役人から受け取った。屏風・幕・奉書紙・晒《さらし》の手拭《てぬぐい》・煙管・割たばこ・箱火鉢といった日常的な道具や消耗品は納戸《なんど》方から受け取った。幕や提灯は細工方から受け取った。幕の一枚は、茶屋の前に掛けるもので、使節が休息しているときに外からのぞかれないための目隠しとして使うものという。提灯は、茶屋前に四つ、番所前に一つ、雪隠前に二つを掲げた。作事方からは、手拭掛け、幕串竹、鎗置き台を受け取ったが、これらは新たに作らせたものであろう。そのほかにも藩の小雑用方、椿屋方、炭預かり方、普請方、馬屋小頭、中筋方からそれぞれ必要な道具を集めた。藩の納戸方で借用しようとした硯箱《すずりばこ》・茶碗台・燭台《しょくだい》・匙は余分がなかったため、自分のものを持参した。それ以外には、湯を沸かすための大釜を地元の山崎南町村から借りている。

この御用に従事した者には、藩士三名のもとに、足軽三人、道具を運ぶ人足、坊主がいた。坊主は、往路では十五人集められたが、復路では応接が簡略になるため七人に減員さ

「大智山」扁額（崇徳寺蔵）　第８回（正徳元年）の正使趙泰億の筆

れている。坊主の用務は茶を点てることであったと思われるが、「在々」の者が呼び出されている。藩に仕える茶頭衆は彦根城下に到着した通信使一行の接待を受け持つことになり、山崎での点茶は茶の湯の心得がある僧らが村々から動員されたようだ。

往路では、三使・上々官・上官は茶屋の中へ入って休息をとったので、それぞれに茶を差し上げた。当時、武家社会で客人に出す茶といえば抹茶《まっちゃ》であったが、朝鮮使節は抹茶よりも煎茶《せんちゃ》を好んだようで、使節には煎茶を差し上げている。中官・下官も茶屋へ入って休息した。休息している上官が硯と紙をほしいと言ってきたので、差し出したこともこの記録に残っている。書跡を所望され、書いたのであろう。実際、近隣の崇徳寺《そうとくじ》（彦根市肥田町）には、正徳元年の正使趙泰億の筆になる山号「大智山」の扁額《へんがく》が現存する。この書跡はこの時に書かれたものかもしれない。そうであれば、崇徳寺の僧も呈茶のために山崎茶屋に動員されていた可能性が出てくる。

一方、帰路は早朝に彦根を出立して間もないので、使節が山崎茶屋の建物に入って休息をとることはなく、輿に乗ったままの状態で三使へ茶を差し上げた。なお、一行の先頭は夜九つ(午前零時)過ぎより山崎茶屋を通っていったという。そのため提灯・燭台・火鉢を出して、煎茶を準備しておき、到着した者から順に茶を差し上げて休息をとってもらった。

千人以上の一行が毎日四十キロメートルもの道程を徒歩で進むのである。その中には荷物を運ぶ者や三使の食事を調理する者もいる。三使も毎日夜明け頃に出発しているので、使節の宿泊所の準備をする者などはそれより早く、夜中から移動を開始することになった。

山崎茶屋は、集落の一角にあり、使節の滞在時間も短いため、見物人が多く押し寄せるというほどではなかったようだ。それでも藩から地元の山崎南町村の庄屋・横目・組頭に対して、茶屋の近辺に見物人が立ち寄らないように差配し、周囲を見回って無作法な振舞いがないようにと命じている。

山崎茶屋での接待は、彦根城下での宿泊の準備に比べると規模は小さく、担当者もわずかではあるが、藩士、藩への奉公人、在郷の者が関わり、藩をあげての事業の一つであることに変わりはない。山崎茶屋は使節が彦根藩領に入って最初に休息する場所であり、ここではじめて彦根藩士たちと接し、その馳走を受けることになる。ここでの応接が彦根藩に対する印象を左右することになるので、藩としても山崎茶屋での応対を重視したことであろう。

摺針峠からの眺望

彦根藩領に設けられたもう一か所の茶屋は、摺針峠にあった。彦根から江戸方面へ向かうと、すぐに佐和山を越える切通峠の坂道があり、鳥居本の宿場を越えると次には摺針峠へ向かう登り坂となる。坂を登り切った峠には常設の茶屋があり、一般の旅人も当地名産の「摺針餅《もち》」でひとときの休息をとった。茶屋は、街道を挟んだ両側に建っていたようであるが、大名や朝鮮通信使らが休息したのは眺めのよい望湖堂《ぼうこどう》であった。

通信使一行は、慶長十二年の第一回以来、ここで休息を取るのを常とした。第一回通信使の使行録「海槎録」には、峠の上にあるため涼しくて休息するのによかったと、摺針峠で休息した時の感想が記されている。

摺針峠は峠からの眺望が見事なことで有名である。現在は内湖《ないこ》が埋め立てられているため、湖水は遠くに見えるばかりであるが、かつては佐和山の北側に湖面が広がっていた。絶壁の上に建つ茶屋と琵琶湖の遠景を組み合わせた摺針峠の構図は歌川広重の浮世絵「木曽海道六拾九次」にも描かれており、広く知られていた光景である。
この光景を見て感嘆したのは通信使も同様であった。眼下に広がる琵琶湖の光景を見た使節らは、その気持ちを使行録に書き残している。

第八回（正徳元年）往路　任守幹「東槎日記」十月四日条
彦根を出発すると、二つの大峰を進む。峰に茶屋がある。山下の太湖を望見すると水が満ちて天に浮かんでいるようで、広く遠い景色は岳陽楼と並ぶほどの壮観さである。

第九回（享保四年）復路　申維翰「海遊録」十月二十七日条
摺針峠を進むと、峰の上に一堂がある。望湖という。軒下に扁額があり、辛卯年（第八回・正徳元年）の写字官の筆である。壁の上に額があり、そこにも同年の従事官の書がある。三使が休憩をとるので私もそれに従った。琵琶湖を俯瞰《ふかん》すると、果てしなくひろく、爽《さわ》やかで広々とした気持ちとなる。遙かに一つの島を望むことができる。

第十回（寛延元年）復路　曹蘭谷「奉使日本時聞見録」六月二十五日条
摺針峠を登ると頂上に亭があった。扁額に望湖亭と掲げる茶屋である。超然とした

歌川広重「木曽海道六拾九次」鳥居本

焼失前の望湖堂
扁額は第十回（寛延元年）の写字官金啓升の筆。

孤亭が琵琶湖に臨んでおり、その水は果てしなくひろく、孤島が点々と絵のようである。帆掛け船の往来や水鳥の上下は絶勝の境界といえる。辛卯年（第八回・正徳元年）、己亥年（第九回・享保四年）に三使や写官らが贈った詩や書があり、金屛風に貼り付けたものや錦の掛軸に仕立ててある。主の田中豊がこれを先例として訳官を通じて三使に筆蹟を求めたので、それぞれ絶句一首ずつを書いて贈った。

第十一回（宝暦十四年）復路　趙済谷「海槎日記」四月一日条

摺針峠を登り、望湖楼に上がる。（中略）日本の名勝地はすでに記録したが、第一を挙げるなら鞆《とも》の浦《うら》と清見寺《せいけんじ》が争うだろうが、望湖はその次になるだろう。ただ、この楼の左側の下岸に広がる千畝の良田は鞆の浦や清見寺では見ることができない。往路では雨の中で見たが、今回は登って見たので三使は賞賛した。久しく座って日が暮れるのも忘れていた。それぞれ七言絶句の漢詩を一首ずつ作り、文士がこれに和した。主人が筆蹟を得ようとして屛風を出してきたので、稚拙なことも忘れて書を与えた。

このように、中期以降毎度のように、望湖堂から琵琶湖の雄大な光景を見て感嘆した気持ちが叙述された。時には湖上に浮かぶ島、湖面を往来する船、水鳥の飛ぶ様子も交えて、その光景が描写されている。朝鮮の国内には琵琶湖のような広大な湖はなく、使節たちは先人の使行録などで知っていた異国の景勝地にやってきて、その思いを表現した。望湖堂のみごとな眺望は詩作の絶好の題材となり、教養ある使節らによって漢詩が詠まれ、書跡が望湖堂に残された。

一方で、望湖堂主人の田中氏が使節に書跡を所望したことも記されている。使節へ書画を求める行為は、第八回（正徳元年）頃には広く各地で見られるようになっていた。朝鮮人の書画を持っていると幸せになれる御札《おふだ》のような効能があるという噂《うわさ》が広がっていたようで、熱心に朝鮮の書を求める「求書ブーム」ともいうものが起こっていた。書画の揮《き》毫《ごう》を求めて宿泊所に押し寄せる日本人の応対をしていた書記たちは一睡もできないほどだったという。望湖堂主人が書を求めたのも、そのような状況でのことといえる。

望湖堂に伝わった書跡

使節が望湖堂に書き残した書跡などは長らく伝えられてきたが、残念ながら望湖堂は平成三年に火災に遭い、焼失してしまった。それでも、焼失前の写真には、書院に通信使の筆になる「望湖堂」の扁額が掲げられていた様子が写っている。この扁額には「朝鮮国真枉」と署名されているが、この人物は第十回の写字官金啓升のことである。使行録でも、

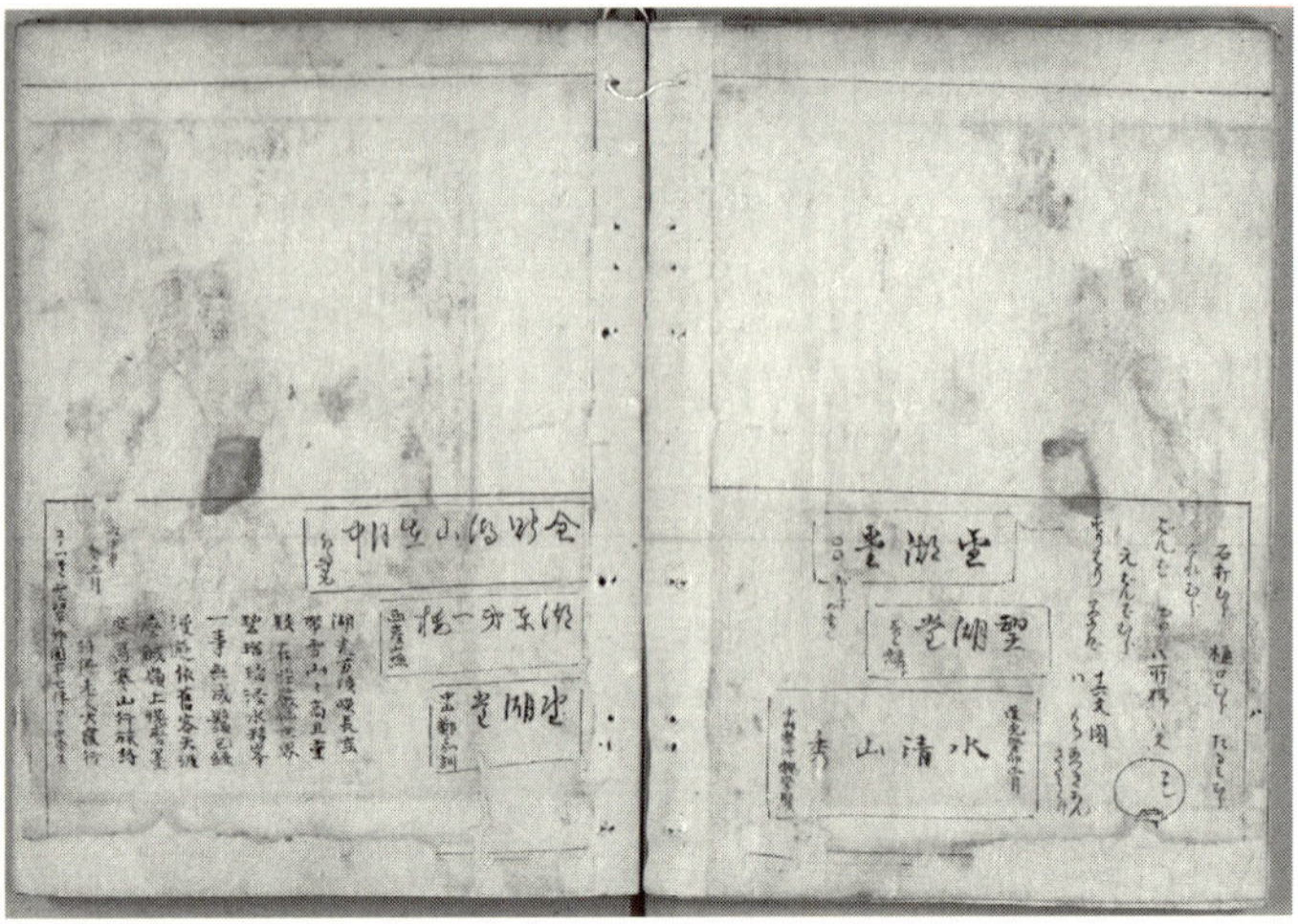

仙果浪花道中記（国立国会図書館ウェブサイトから転載）

この年の帰路で望湖堂主人の田中氏が書を求めたため、三使らが漢詩を詠んで贈ったとあり、写字官の扁額もこの時に求められたものであろう。この時詠まれた三使の漢詩も焼失前の望湖堂には残っていたという。このほか、江戸時代後期の戯作者、高橋仙《せん》果《か》による「仙果浪花《なにわ》道中記」には、望湖堂を訪れた際に見た扁額や漢詩などのスケッチが収録されており、そこには、朝鮮通信使のほか、琉球使節、公家らの書跡が多く掲げられていた様子が描かれている。

第五章　文華をこのむ地　彦根

一　詩作の交流

宗安寺での交流

江戸時代の武士や知識人にとって、中国文化や漢文は先進的な学問であり、それらを色濃く受け継ぐ朝鮮の官僚や文化人との交流は知的好奇心を満たす絶好の機会となった。彦根で宿泊した夜も、遅くまでそのような文化交流が深められた。

交流の一つに漢詩の唱和がある。学問を修めた藩士・儒学者らが、その場で即興的に漢詩を詠み合い、互いにその教養を認め合った。

使節が宿泊する宗安寺には、藩士以外に彦根藩ゆかりの僧侶もやってきて漢詩の唱和をしている。第八回（正徳元年）には、龍潭寺《りょうたんじ》第六世の藍渓慧湛《らんけいえたん》（?〜一七三二）が往路・復路ともやってきて使節と唱和した。復路で再会した喜びを詠んだ詩が伝わっている。

第九回（享保四年）には、同じ龍潭寺の僧侶璘渓と交流したことを、製述官の申維翰《シンユハン》がその使行録の中で記している。璘渓は三十七歳、僧歴は二十二年、申維翰と筆談したところ、すこぶる才敏で、その詩風は情をよく写すものであったと、その文才を賞賛している。

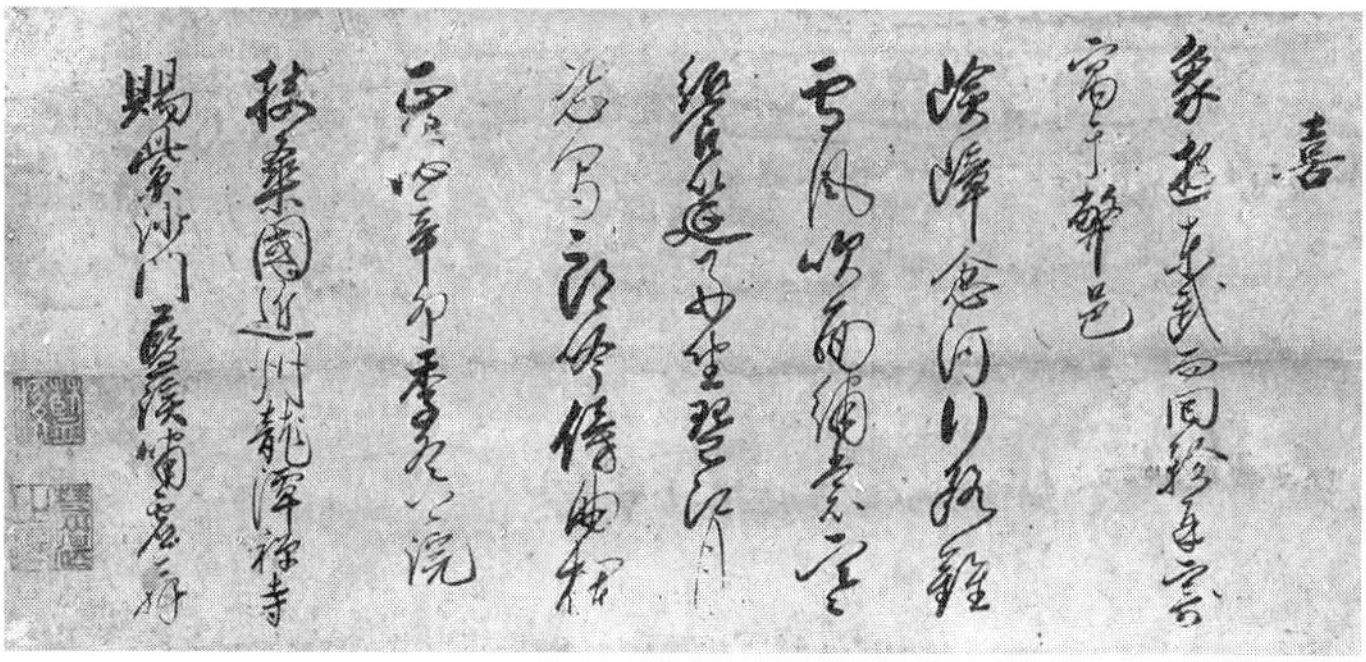

藍渓慧湛詩書（龍潭寺蔵）

年齢から判断して藍渓慧湛の弟子であろう。

　申維翰は、第九回の通信使に製述官として随行した官僚であるが、その使行録「海遊録」で著名である。「海遊録」は、多くの使節が書き残した使行録の中でも内容の豊富さは随一で、日本の日常を観察した記録も含み、通信使の一員として各地で文人たちと交流した様子も多く記されている。

「海遊録」によると、宗安寺での詩文のやりとりは深夜まで続いた。申維翰が疲れたとして退席するとようやく彼らも腰を上げ、帰路での再会を約束して別れたと記す。

　申維翰は彦根について、他所よりも文辞を好む、文華を喜《この》むと評しており、漢文の文章作成を好む気風や儒学によく親しんでいる地域性を感じとっていた。当時の彦根藩では、元彦根藩士の儒学者沢村琴所《きんしょ》が京都で伊藤東《とう》涯《がい》の古義学を学び、荻生《おぎゅう》徂徠《そらい》の古文辞学も書物で学んで、その学を藩士らに教授していた。これにより藩内に儒学の機運が高まり、享保年間頃には藩士の間で学問的交流が深まっている状況にあった。夜遅くまで熱心に詩文交流を求めたのは彼らであろうか。

岡本宣就との漢詩酬唱

第四回（寛永十三年）の通信使は、「柳川一件」後の新たな外交関係を構築するものとなったが、当主井伊直孝は江戸におり、対馬藩主宗義成を助けて通信使成功のために尽力していた。彦根で三使を応接したのは、家老の木俣守安と岡本宣就（通称半介）であった。両名とも学術・文化の素養では彦根藩内随一の人物といえる。

岡本宣就がこのときの正使任絖（号白麓）と交わした漢詩が伝わっている。二〇一七年、ユネスコ「世界の記憶」に選定された「朝鮮通信使に関する記録」三三三点の中の一点で、第四回の復路、彦根で宿泊した際に宗安寺での宴席で詠まれたものである。

（読み下し文）

朝鮮正使白麓、江州彦根城において盃盤に書す

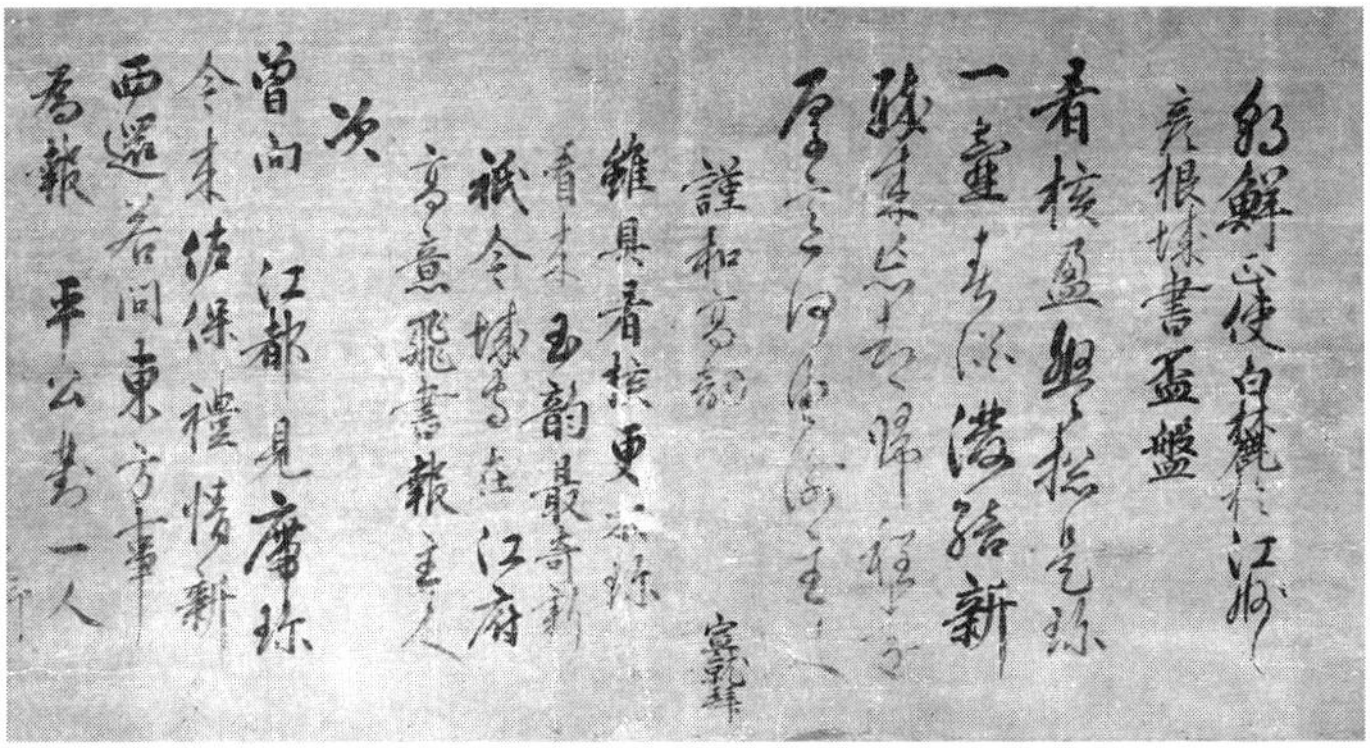

彦根藩岡本半介筆録任絖謝詩並岡本半介唱酬詩（大阪歴史博物館蔵）
ユネスコ「世界の記憶」に選定された「朝鮮通信使に関する記録」の中の1点

肴核、盤に盈《み》ち、総て是れ珍なり
一壺の春酒、溌醋《はっさく》あらたなり
酔い来たり忘却す、帰程遠きを
厚意は何に由《よ》りてか、主人に謝せん

謹んで高韵に和す　宣就拝
肴核を具《そな》うることさらに珍ならずと雖も
玉韵を看来たれば最も奇新なり
祇今《ただいま》城守江府に在り
高意は書を飛して主人に報ぜん

次
曽《かつ》て江都に向き席珍を見たり
今佐保に来たり礼情新たなり
西還して答問せん東方の事
為に報ぜん、平公対一人と

（意味）

朝鮮正使白麓が近江彦根城において、盃盤に書く
肴は大皿にみちあふれ、すべて貴重で珍しく美味しいものばかりです
壺のなかの春の新酒はほどよく発酵して美味しいです
心地よく酔いがまわってきました、帰り道が遠いことを忘却してしまいます
厚いもてなしを主君にどのように感謝すればよいのかわかりません

謹んで正使の詩に唱和する　岡本宣就
取りそろえた肴は格別珍しい物ではありませんが、
お褒めの言葉をいただき、感激を新たにしました
城主は今江戸におります
あなたのご高意は書を遣わして主人に報告します

次の詩
かつて江戸に出向き珍しいもてなしに預かりました
今佐和山に来てそのときの謝礼の気持ちが新たにわき上がってきました

西（朝鮮）に戻ると東方（日本）のことを問われるでしょう
そのときには報告しようと思います、平公（井伊直孝）が第一の人物であったと

最初の漢詩は正使任絖が詠んだもので、あふれんばかりの珍しい酒肴《しゅこう》でのもてなしを讃え、それが主君の意向によるとして直孝への謝意を示す。岡本宣就はその返事として、自分たちの接待を褒めた詩への謝意と、この旨を江戸にいる主君に報告しようと詠む。正使もさらに重ねて、江戸で会った人物のうち直孝が第一であったので、そのことを本国に報告しようと述べる。

この漢詩は酒宴の中で交わされたもので、正使任絖は酔いにまかせて食器を並べた御膳にこの詩を書き付けた。そのため、宣就みずから紙に写し取ったのがこの書跡という。

このときの漢詩の唱酬の経緯は、副使金世濂の使行録に記されている。それによると、金世濂は漢詩を詠んで金盤に記すと、彦根の家臣はこの盤を江戸にいる主君直孝のもとに送って見せたいと述べ、直孝を讃えた漢詩を喜んだという。現存する書は正使任絖と宣就との漢詩唱酬であるが、そのほかに副使とも漢詩を交したのであろうか。それとも、使節の人名を誤記したのだろうか。

岡本宣就は藩祖井伊直政の晩年にその近習《きんじゅう》として仕えた人物であるが、上泉《かみいずみ》流兵法を

修めており井伊家の軍法師範も務めた。また、学才があり、能書家としても知られ、井伊直孝も一目置く存在であった。

この漢詩は、直接的には立派な馳走への感謝を述べたものであるが、その裏には直孝の政治力への謝意も込められていることであろう。

二　訳官洪喜男との交流

外交関係樹立のキーパーソン

洪喜男《ホンヒナム》は、第三回(寛永元年)から第六回(明暦元年)まで四度にわたり、訳官の中でももっとも高い格にあった堂上訳官として来日した人物である。三使に次ぐ「上上官」という格にあった。実際、通信使を代表して宗氏と直接日本語で交渉しており、日本側の意向を受けてそれを三使に伝える窓口の役割を果たした。彼は科挙試験の倭学(日本語)訳科に合格した官僚で、日本語の読み書きができるのはもちろんのこと、日本について幅広い知識を持っており、対日本外交を担った主席外交官といえる。

第四回(寛永十三年)の通信使は、柳川一件後の新たな日朝関係を築く機会となったが、そこでは国益をかけた真剣な外交交渉が繰り広げられた。江戸到着当初には、使節は予定になかった日光東照宮への参詣を求められた。また、帰国前に受け取った返礼の国書は、これまでにない書式をとっており、年号は日本の元号が用いられ、将軍の肩書は朝鮮からの国書で表記した「日本国大君」を用いていなかった。そのため、三使は表記の修正を求め、洪喜男が幕府側と交渉した。しかしその主張をくつがえすことはできず、このまま決裂してしまうとその責任が宗氏に及ぶことを理解して、洪は現実的な妥協点を探り、幕府の要求を受け入れるように三使へ進言した。その状況判断によって寛永十三年の通信使が成功に終わったとも言え、彼は近世的日朝外交樹立の立役者と評価できる。

木俣守安との交流

そのような洪喜男は、彦根に宿泊した際、応接した家老木俣守安との間で親しく交際していたことが、木俣に宛てた文書からうかがえる。

洪喜男が木俣に宛てた贈呈品目録や書翰《しょかん》が数通現存している。

そのうちの一通は、第五回(寛永二十年)の往路、六月二十七日付で掛川から届けられたものである。一行は同月二十一日、彦根で一泊して江戸へ向かっていた。その書翰には、絵画三幅に三使と製述官がみずから画賛を書いたものと、屏風用の絵画十二幅を届けるとある。彦根で木俣がこれらの書画を依頼し、道中で完成したので届けてきたのであろう。帰路でも同様のやりとりが見られる。

最後の来訪となった第六回(明暦元年)のものでは、持参した土産品の目録が現存している(次頁写真)。往路の彦根宿泊日である九月十七日付の贈呈品目録である。土産品には、

黄毛筆拾柄
泥金大真墨拾笏
芙蓉香伍枝
九味清心元伍丸
白蠟燭壹對
佩香壹箇
茶碗壹箇
九月十七日
洪知事

洪喜男贈呈品目録　（木俣清左衛門家文書、彦根城博物館蔵）
明暦元年９月17日付。第６回の通信使の際に木俣守安へ贈った品の目録。

筆・墨といった幕閣にも贈られた一般的な品のほか、九味清心元という漢方薬も含まれていた。前回の復路の書翰では木俣の病状を気遣っていたため、特に薬を持参したのであろうか。

　さらに、復路での彦根宿泊は、洪喜男にとって木俣と会う最後の機会という思いから、別れの挨拶を交わしたようである。彦根を離れた翌日、次の書状を木俣に送っている。

（読み下し文）
一昨日は緩々《ゆるゆる》と芳意を得、大慶浅からず存じ候、今度信使来朝につき御馳走の儀、何方にても疎なき御事どもに御座候、取りわけ掃部頭様御領内御馳走比類なき儀、夜物までも御用意成し置かれ、その上道中雨具等御心付の段、別けて三使満足、これに過ぎざる儀どもに候、吾国において右の段具《つぶさ》に老拙咄し申すべく候、就中《なかんずく》、尊老御自筆絵御意掛けられ、忝く存じ奉り候、併し老拙愚息洪判事と申す者に追付け表向き相渡す儀に御座候、近比御無心の申事に御座候へども何にても三幅一対の絵遊ばされ下され候へかし、左様に候はば、いよいよ辱《かたじけな》かるべく候、左においては、日本の表具仕《つかまつ》り、愚息洪判事に譲り申すべき念存に御座候、信使儀、今月中は京大坂に罷りあるべきやと存じ候間、右の絵出来候はば、京都小川に足立七兵衛と申す者の宿に対馬守殿侍幾度三郎兵衛と申す人罷り在り候間、この者方まで御届け下さるべく候、上包の書立には佐護式右衛門となされ下さるべく候、もし京大坂にて筈（間カ）に合い申さず候はば、対馬州まで届け申すように佐護式右衛門方へ遣わし申すようにと三郎兵衛方まで仰せ下され候へば吾国へ相届き申す事に候間、頼み奉り候、不宣

十一月十六日　洪知事（花押）

木俣清左衛門尊公　拝呈

尚以て、尊老御事、御老眼の儀ゆえ、御調なされ候儀御不自由の段相察し候へども、

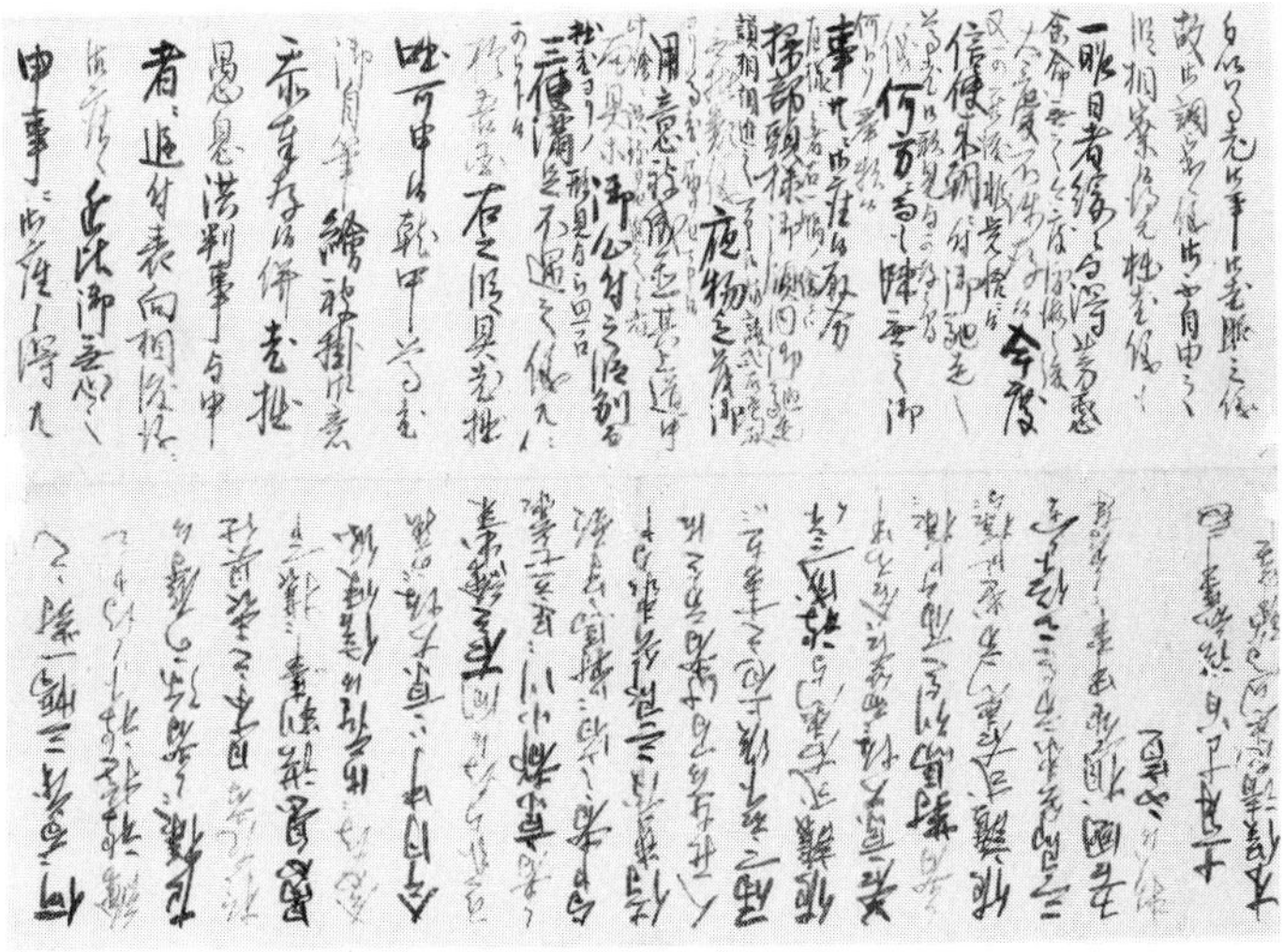

洪喜男書状　木俣守安宛て（木俣清左衛門家文書、彦根城博物館蔵）
明暦元年11月16日付。復路で彦根を出立した翌日に出したもの。

拙老儀も余命これなく、今度渡海の後、また罷り渡るべき覚悟あらざるに候、尊老御形見と存ずべく候間、何とぞ頼み奉り候、左様に候は、右一幅の絵には讃相調進申すべく候、佐護式右衛門殿より尊老へ届させ申すべく候、拙老よりの形見致させ進せ候は、と思し召され下さるべく候

まず、彦根藩領内での馳走がすばらしく、宿泊準備や道中での雨具の用意に三使が満足していたと伝え、本国へもこのことを報告しようと述べた上で、木俣への願い事を伝える。洪は木俣から直接自筆の絵を受け取ったが、それとは別に三

幅対の絵をほしいと依頼する。日本の表具を施して息子に伝えるとしているので、日本での交流の記念の品にしたいという考えであろう。その代わりに、先日受け取った木俣の絵には、洪が賛を書いて戻すのでそれを記念に受け取ってほしいと述べる。届け先については、京都小川の足立七兵衛という者の宿にいる対馬藩士幾度三郎兵衛にし、宛名は佐護式右衛門とするように依頼している。追って書（追伸）では、今回が最後の来日になるはずだからいただいた絵は形見にしたい、その代わりに、先にもらった絵には讃をして差し上げるので自分の形見にしてほしいと述べている。

木俣守安は、父以来の井伊家重臣である。父守勝はもともと徳川家康の家臣であったが、家康によって直政に付けられ、直政が家康の筆頭家臣として活躍するのを支えた。直政配下に入った新参家臣を束ねる中核にいたのが守勝である。守安はその養子で、実父は北条家家臣の狩野主膳、母は新野親矩《にいのちかのり》の娘である。新野親矩は戦国時代の井伊氏と関係が深く、その娘たちは井伊直盛（戦国時代の井伊家当主）をはじめ、木俣守勝ら直政の配下に入った重臣に嫁いでいる。新野の娘たちが直政とその配下に入った重臣を姻戚《いんせき》関係でつなげたといえる。守勝は妻の妹の子である守安を養子として、その跡を継がせた。守安は井伊家の筆頭家老として彦根を不在にしている当主直孝と連絡を密にして、国元の治世に努めた。

守安についてその孫が記した履歴には「若齢より学んで六芸に通ず」と、諸芸に通じていたと記されており、その芸には兵道・筆法・書画・乱舞・楽・三宝(仏教)を挙げる。文化的素養のある人物であったことは間違いない。だからこそ、通信使の筆頭外交官である洪喜男とも親交を深めることができたのだろう。

洪が最初に受け取った絵は、宴席で木俣が即興的に描いた席画ではなかっただろうか。使節による書画が今も各地に伝わっているが、例えば漢詩は儒者や漢文の素養のある者が使節らと詠み合い、互いに創作して交換している。木俣もその場で絵を描いて披露し、その絵を記念として洪に贈ったと思われる。ただ、洪としては即興的な絵よりも、時間をかけた本格的な作品を所望し、一旦受け取った席画には自身の賛を書き加えてふたりの友好の証として木俣へ贈り返したものだったと考えれば、絵の所望の意味が成り立つ。洪は、新たに描いてもらえれば形見の品にしたいと述べており、木俣のことを忘れがたい友人と思っていたのであろう。

朝鮮訳官が書いた日本語の書状

この洪喜男書状は書式の上からも興味深い。一枚の料紙を横半分に折った「折紙《おりがみ》」という形式で記されているが、この書式は当時の武家の書状で一般的に用いられた。この書状は、洪喜男の他の筆蹟と比較しても自筆と判断でき、彼が日本の書式に従い日本語で書いた書状ということになる。読み下し文にしづらい表現が二・三あるにせよ、一見したところ、日本語を母国語としない者が書いたとは思えない精度の高い文章である。朝鮮の官僚の中でもっとも日本語に精通していた洪喜男は、会話だけではなく、日本の武家社会で通用していた文書を作成できる能力までも持ち合わせていたことがわかる。

朝鮮通信使が日本に残した書翰や書跡は多く確認されているが、ほとんどは漢文のものである。洪喜男も、それまで木俣に送っていた書翰は漢文体で記された朝鮮の書式のものである。漢文が両国共通の言語であり、それでコミュニケーションがはかれていた。ただ、訳官が詠んだ和歌や俳句もわずかではあるが現存しており、日本語を学んでいた訳官が日本語による詩作を披露することもあったようだ。それでも、朝鮮使節の手になるここまで完璧な日本語の書状は、寡聞《かぶん》ながら見たことがない。

この書状の存在一つをとっても、通信使にとって井伊直孝とその家臣たちは特別に心を通わせた相手であり、彦根は他の宿泊地とは違う特別な存在であったことがうかがえる。

孫世代までの交流

第七回(天和二年)に堂上訳官としてやってきた洪禹載の使行録「東槎録」には、彦根藩士戸塚正鐘に贈った漢詩が収載されている。

戸塚氏は井伊家の重臣の家柄で、正鐘はその三代目、左太夫と称した。戸塚氏は遠江国榛原郡《はいばら》を本拠とする国衆の家柄で、戦国時代は今川配下にあったが、正鐘の祖父正長が徳川家康の家臣になり、家康から井伊直政に付けられた。その由緒から、井伊家当主が家督相続した際には家康から付けられた家柄の重臣六名が将軍に対面してその御礼を述べるが、戸塚氏もその六名の中に含まれる。正鐘自身も、延宝四年（一六七六）、井伊家四代の直《なお》興《おき》が家督相続した際に、将軍家綱へ対面している。このような由緒ある家柄であり、特定の役職には就いていないが、将軍への年始祝儀の使者、天皇が即位した際の京都への使者などを務め、明暦の大火後の屋敷普請奉行、延宝検地の惣奉行など、重職を任されている。第七回通信使の頃、正鐘は七十八歳で、二年後の天和四年に隠居するが、隠居後に「直政公御一代記」「直孝公御一代記」といった藩祖二代の事績をまとめており、学問でも優れた人物であったことをうかがわせる。

「東槎録」には、洪禹載が使節の一員として来たのを聞いた戸塚が特に声をかけて会ってくれて、丁寧に昔の話をしてくれたと記す。それは、彼が洪喜男の孫だったからである。戸塚は喜男が堂上訳官としてやってきた第五回・第六回にも使節の接待をしており、喜男のことをよく覚えていて懐かしく思ったのであろう。第七回の通信使は前回から二十七年も経ち、使節も彦根藩側も世代交代している。そのような中で前回も応接に当たっていた重鎮の戸塚が応接の場に出ていき、洪喜男の話題を取り上げることで、隣国との友好関係を築いた先人の労苦を思い起こし、これを継承する必要性を再認識したことであろう。

復路で再会したあと、戸塚は思いを文章に綴り、別れ際に洪禹載へ餞別の文房具とともに手渡した。これを受け取った洪禹載は、その返礼として金扇十柄《ぺい》・画煙竹五柄《へい》を贈り、謝意の詩を詠んで渡したという。その詩は次のものであった。

謹呈 戸塚左太夫 藤原公 案下

緬想昔年事。黒羊青羊際。大考与伯父。隨槎左海澨。公時掌供億。托交情繾綣。中間事百変。梓樹悲風巻。豈意不肖孫。邂逅賢大夫。俯仰宇宙内。三世堪一吁。扶桑萬里外。聿作東道主。倶回阮眼青。話旧深情吐。微物表芥誠。去去武江濆。帰期趁九秋。握手心再忻。清夜旅榻前。軟語何諄諄。臚以兩種物。如得青瑤瑽。稀年又過八。精力猶未衰。記往惻然感。望公涕沾髭。明朝各分袂。別恨空依依。他時尺一書。為寄雁南飛。

壬戌菊秋下浣東華南陽後人通政大夫姓名字着楽貧居士図書。

（洪禹載「東槎録」九月二十四日条）

おわりに

国際交流の大イベント

朝鮮通信使を現代にたとえると、感覚的にもっとも似ているのは何だろう。

数十年に一度の間隔で外国から大規模な使節団がやってきて数週間滞在して、独自の技を披露して観客を魅了し、民間による交流もなされた、という点からみて、オリンピックがもっとも近いのではないだろうか。通信使の行列を直接目にする「観客」は通行する街道近くに住む一部の人々に限られたが、沿道以外の各地でも諸大名が何らかの役を負担しており、その領民も何らかの関与があったことであろう。そのほか、異国の装束や音楽が新鮮なものとして受け入れられ、各地の祭礼や人形で再現されて、通信使が通行しなかった地域へもその文化が浸透していった。そのような中、使節の宿泊地となった都市は全国でもわずか十数か所しかなく、その応接を担った大名家などは使節が滞りなく通行するために尽力した。さしずめ、選手村や競技場の運営担当者であろう。来日した方々に身近に接して、食事や宿泊、移動といった日々の行動をサポートした。

彦根は、朝鮮通信使に際して一行が宿泊した数少ない地であり、全国の中でも有数の重要な役割を担い、深い交流をもった都市といえるだろう。

彦根城と朝鮮人街道の一体性

彦根に朝鮮通信使が宿泊したのは偶然ではない。それだけの条件を備えていた。

関ヶ原合戦に勝利した徳川家康は、筆頭家臣で、徳川最強の部隊を率いる井伊直政に佐和山を任せた。佐和山は東国から尾張・美濃を通って上洛するルート上の要衝にあり、江戸に居城を置く徳川にとって、京・大坂に向けての重要拠点という意味を持っていた。そのため、ここに豊臣恩顧の大名や公家衆らとの交際経験が豊富な直政を置き、徳川最強の部隊を配置させたのである。そこで井伊家が最初に取り組んだのは、新たな居城の構築であった。井伊家では旧来の佐和山城に代えて彦根山に築城したが、彦根城は単に井伊家の居城として築かれたわけではない。将軍が上洛する道中で宿泊する御殿という性格をもちあわせていた。京都までの距離をみても、途中で一泊して翌日に入京できる位置にあるため、彦根に将軍宿泊用の御殿を置くのがふさわしい。

彦根城にはじめて徳川将軍が宿泊したのは、慶長十年（一六〇五）、徳川秀忠が将軍宣下を受けるために上洛した際であったと考えられる。このとき、天守はまだ建っておらず、築城工事は続いていたが、将軍が宿泊できるよう急ぎ整備した。その一つに、彦根城から京都へとつながる将軍上洛道の整備もあった。この道は織田信長が敷いた下街道を再整備して敷かれたものである。つまり、彦根城と将軍上洛道（下街道＝朝鮮人街道）は徳川将軍が上洛するにあたって一体のものとして整備されたといえるだろう。朝鮮人街道が彦根城下町を貫いているのもそのためである。

徳川将軍の上洛は江戸時代初期には頻繁に行われ、将軍が下街道を通行した際にはいつも彦根城が将軍宿泊所とされた。しかし、寛永十一年(一六三四)の将軍家光の上洛を最後として幕末まで徳川将軍の上洛は途絶えてしまい、この道が将軍の上洛に使われることもなくなった。一方で、この道は将軍上洛に次ぐ大規模な行列のために使用され続けた。それが朝鮮通信使の通行である。

朝鮮通信使が将軍上洛道を使ったのは、慶長十二年(一六〇七)、第一回の朝鮮通信使からのことであった。将軍上洛道としての格式、宿泊や輸送を受け入れる規模などが考慮されて、二年前の慶長十年に整備されていたこの道を通行して江戸へ向かうことになったと考えられる。また、寛永期以降、将軍の上洛が実施されなくなっても、通信使の通行で将軍上洛道を利用することにより、その街道が充分に機能し、宿泊地や人馬が供給できる体制を維持することができた。通信使の通行は、将軍上洛道の機能を維持するため数十年ごとに実施する演習という性格を持ち合わせていたとも言えるだろう。

譜代筆頭の家の自負心

井伊家が彦根を治め続けた理由の一つに、ここが朝鮮通信使の宿泊地であったこととの関係が指摘できるかもしれない。

寛永九年（一六三二）七月、井伊直孝が彦根から藤堂高次の領地である伊賀・伊勢へ国替えとなり、その跡に松平忠明（徳川家康の外孫）が入るとの噂が流れた（「細川忠興書状」寛永九年七月十七日付）。これは、同年一月の大御所徳川秀忠死去に伴い、直孝は忠明とともに家光政権への参与を命じられたが、直孝は家光が重要な政治判断をするのを補佐し、忠明よりも重用されるようになっていたのに関わってのことであろう。直孝へ家光の政務補佐という役割を新たに付加するため、その分これまで担ってきた役割の一部を免除して差し引きする意図で、彦根での軍事的役割は同様の格式をもつ松平忠明に任せようとしたと理解できる。万一軍事行動を起こす必要が生じた場合、将軍を補佐する直孝が彦根の部隊を率いるため江戸を離れるわけにはいかないので、彦根の軍事的役割を充分に機能させるために領地替えが発案されたと考えられる。

しかし、結果として井伊家が彦根を離れることはなかった。その理由は一つに限らないだろうが、彦根が朝鮮通信使の宿泊地であったこともその一因に違いない。

朝鮮通信使が淀で上陸し、陸路を進み始めて最初に宿泊する徳川の城下町が彦根である。

それまで、京都、守山宿に宿泊しているが、彦根は徳川が力を込めて築いた城郭であり、その威容を示すことになる。井伊家の軍勢を配置するのにふさわしい拠点は彦根以外にもある。しかし、将軍上洛道（＝朝鮮人街道）を城下町に取り込み、朝鮮通信使を最初に迎える城下町は彦根だけである。

そのような唯一の地理的条件をもつからこそ、直孝は譜代筆頭である井伊家がここを治めて、通信使を応接する御用を果たすのがふさわしいと判断したのではないだろうか。

実際、寛永十三年の通信使の準備の際、直孝は彦根で留守を預かる家臣に対して細かに指示を出している。これを受けた彦根藩では、藩士だけでなく城下町や周辺の村々に住む民衆も巻き込みながら、総力をあげて通信使一行を迎えた。こうして、彦根でのもてなしは、直孝の思惑のとおり一行の心に残る格別なものとなった。

井伊家が通信使へ向けた「おもてなしの心」は、譜代筆頭大名家という自負心に由来すると思えてならない。

あとがき

彦根市域の街道や宿場に初めて関わったのは二〇〇二年のことであった。慶長七年（一六〇二）の中山道整備から四〇〇年という節目の年にあたり、各地で関連事業が企画されたが、彦根城博物館でも展覧会「彦根と鳥居本・高宮―城下町の玄関口―」を開催することとなり、その担当を任されたのである。

彦根市には中山道のほか朝鮮人街道も通っており、歴史的な素材の豊富な地域といえる。しかし市域の歴史といえば彦根城や大名井伊家がまず思い浮かび、街道や各地域の歴史に関する調査研究やそれに基づく情報発信は、当時それほど進んでいなかった。それでも、彦根城博物館で歴史系学芸員が充実してきたのと、市史編さん事業が始まり市内全域で史料調査が進んだことで状況が変化しつつあった。展覧会を担当したのはちょうどそのような時期にあたる。

そのため、史料を読み進めると従来知られていなかった事柄がいくつも確認できた。なかでも、鳥居本宿の成立時期は従来の説より早く、彦根城築城との関連を示唆する記述が見つかった。鳥居本宿で問屋の年寄役を勤めた木綿屋岩根氏のもとに伝わった史料で、市史編さん室が調査されていた中にあった（25頁写真）。展覧会で紹介した後、論考を発表する機会も得たが、今回、ようやく彦根地域史の中に位置づけられたという思いである。

また、この展覧会は地域で活動されている方々と交流する機会を得たという点でも特別なものとなった。鳥居本で歴史文化の伝承に取り組んでおられる「ふるさと鳥居本を学ぶ会」の協力を得て、当地の名産であった渋紙製の雨合羽の復元を試みた。代表の藪野光子氏をはじめ会員の皆様にはたいへんお世話になり、その後もしばしば地元の公民館講座に呼んでいただいた。このご縁が街道・宿場へ関心を持ち続けた一因といえるだろう。

一方、この展覧会では独自の図録は作成せず、彦根史談会編『城下町彦根―街道と町並―』（サンライズ出版）に展覧会の成果を収めることとなった。この書籍では鳥居本・朝鮮人街道・伝馬町といった部分を執筆したが、時間的・紙面的な制約と能力的な未熟さにより新知見を充分に盛り込むことができなかった感がある。そのほかにも、博物館では旧彦根藩士家や彦根城下町などに伝来した史料の調査にたずさわったが、興味深い史料があってもその後時間をかけて検討する余裕や発表する機会がなく、そのままになっていたものがいくつもあった。本書ではそういった史料に検討を加え、取り上げることを心がけた。初めて紹介する史料が多くあったのはそのためである。

本書刊行のきっかけも鳥居本にある。退職当時、以前博物館でご一緒したことのある牧野昌代さんが鳥居本地区公民館に勤務しておられ、鳥居本と朝鮮通信使の関わりをテーマに歴史講座をしてほしいと依頼を受けた。退職してそれまでの成果を順次まとめようと考えていた矢先であり、改めてこのテーマに取り組んでみた。朝鮮通信使ゆかりの資料がユネスコ「世界の記憶」に選定され、通信使に対する関心が高まったタイミングも重なり、本書をまとめようと思った次第である。

刊行の機会を与えてくださったサンライズ出版も鳥居本が地元で、岩根順子社長は前述木綿屋岩根氏の史料所蔵者でもある。本書では史料所蔵者としてもご協力いただいた。また、知られていない通信使ゆかりの史料はできる限り掲載しようとしたため、図版が多くなり取りそろえるのにお手数をおかけしてしまった。あわせて謝意を述べたい。

このように、本書が完成したのは、利用させていただいた史料の所蔵者、講座の企画者や聴講者の皆様、さらには前著を読み次回作を期待する声を寄せていただいた方々など、多くの方々のおかげといえる。末筆ながら厚く御礼申し上げる。

二〇一九年二月　節分の日に

野田浩子

参考文献

著書・論文

朝尾直弘編『譜代大名井伊家の儀礼』二〇〇二年
荒野泰典『近世日本と東アジア』東京大学出版会、一九八八年
池内敏『大君外交と「武威」』名古屋大学出版会、二〇〇六年
池内敏『絶海の碩学』名古屋大学出版会、二〇一七年
太田浩司『近江が生んだ知将　石田三成』サンライズ出版、二〇〇九年
門脇正人『「朝鮮人街道」をゆく』サンライズ出版、一九九五年
ジェームス三木『小説　つばめ』NHK出版、二〇〇三年
辛基秀『朝鮮通信使の旅日記』PHP研究所、二〇〇二年
高木叙子「信長と近江の水陸交通について」『淡海文化財論叢』第一輯、二〇〇六年
高正晴子『朝鮮通信使をもてなした料理』明石書店、二〇一〇年
竹内眞道「日本国彦根における朝鮮通信使接待について」『第十二回日韓仏教学学術会議発表要旨』仏教大学、一九九〇年
田代和生『近世日朝通交貿易史の研究』創文社、一九八一年
田代和生『書き替えられた国書』中央公論社、一九八三年
谷口徹「彦根城の絵図を読む」『西田弘先生米寿記念論集　近江の考古と歴史』真陽社、二〇〇一年
土田良一『近世日本の国家支配と街道』文献出版、二〇〇一年
仲尾宏『朝鮮通信使をよみなおす』明石書店、二〇〇六年

仲尾宏『朝鮮通信使の足跡』明石書店、二〇一一年
野田浩子「中山道鳥居本宿の成立について」『滋賀県地方史研究』十六号、二〇〇六年
野田浩子『井伊直政　家康筆頭家臣への軌跡』戎光祥出版、二〇一七年
彦根史談会編『城下町彦根―街道と町並―』サンライズ出版、二〇〇二年
藤井讓治『江戸幕府老中制形成過程の研究』校倉書房、一九九〇年
藤井讓治『徳川家光』吉川弘文館、一九九七年
藤井讓治編『織豊期主要人物居所集成』思文閣出版、二〇一一年
藤井達也「水戸藩家老の家に伝わった中世文書―『水戸鈴木家文書』の紹介―」『常総中世史研究』第三号、二〇一五年
松田甲『日鮮史話』四　原書房、一九七六年復刻
三宅英利『近世日朝関係史の研究』文献出版、一九八六年
八杉淳『近江の宿場町』サンライズ出版、二〇〇九年
李元植『朝鮮通信使の研究』思文閣出版、一九九七年

自治体史

『近江蒲生郡志』巻八　滋賀県蒲生郡役所、一九二二年
『滋賀県八幡町史』中巻　滋賀県蒲生郡八幡町、一九四〇年
『東近江市史　能登川の歴史』第二巻　中世・近世編　東近江市、二〇一三年
『近江八幡の歴史』第一巻　街道と町なみ　近江八幡市、二〇〇四年
『彦根　明治の古地図』一〜三　彦根市、二〇〇一〜二〇〇三年
『新修彦根市史』第二巻　通史編近世　彦根市、二〇〇八年
『新修彦根市史』第六巻　史料編近世一　彦根市、二〇〇二年
『新修彦根市史』第十巻　景観編　彦根市、二〇一一年

史料集

姜在彦訳注『海槎録』平凡社

児玉幸多編『近世交通史料集』五・八、吉川弘文館

『彦根藩史料叢書　侍中由緒帳』彦根城博物館

『海行摠載』Krpia（KOREAN DATABASE）WEBサイト

若松實訳『朝鮮通信使の記録』江戸時代第一次～第十一次、日朝協会愛知県連合会

図録・図集・報告書

『朝鮮通信使―善隣友好の使節団―』大阪市立博物館、一九九四年

『こころの交流　朝鮮通信使』京都文化博物館・京都新聞社、二〇〇一年

『街道開設四百年記念　中山道』板橋区立郷土資料館他、二〇〇二年

『龍潭寺の美術』彦根城博物館、一九九〇年

『宗安寺の歴史と美術』彦根城博物館、一九九五年

『戦国から泰平の世へ―井伊直政から直孝の時代』彦根城博物館、二〇〇七年

『激動の佐和山城』彦根城博物館、二〇〇八年

『新収蔵記念　彦根藩筆頭家老・木俣清左衛門家資料』彦根城博物館、二〇一三年

『京・近江の朝鮮通信使』高麗美術館、二〇一八年

『朝鮮人道見取絵図』東京美術、一九九〇年

『大系朝鮮通信使』全八巻　明石書店、一九九三～九六年

滋賀県教育委員会『中近世古道調査報告書1　朝鮮人街道』一九九四年

彦根市教育委員会『彦根の近世社寺建築』一九八三年

藤井讓治編『近世前期政治的主要人物の居所と行動』京都大学人文科学研究所、一九九四年

■著者略歴

野田浩子（のだ・ひろこ）
昭和45年（1970）京都市生まれ。平成7年（1995）、立命館大学大学院文学研究科博士課程前期課程修了。同年より平成29年3月まで、彦根城博物館学芸員。現在、立命館大学非常勤講師。
著書に、『井伊直政　家康筆頭家臣への軌跡』（戎光祥出版、2017年）、主要論文に、「大名殿席『溜詰』の基礎的考察」（『彦根城博物館研究紀要』12号、2001年）、「江戸幕府初期大老と井伊直孝の役割」（『立命館文学』605号、2008年）、「中世井伊氏系図の形成過程」（『日本歴史』831号、2017年）がある。

朝鮮通信使と彦根
—記録に残る井伊家のおもてなし—
別冊淡海《おうみ》文庫27

2019年3月30日　第1刷発行　N.D.C.216

著　者　野田　浩子
発行者　岩根　順子
発行所　サンライズ出版株式会社
〒522-0004 滋賀県彦根市鳥居本町655-1
電話 0749-22-0627
印刷・製本　サンライズ出版

ISBN978-4-88325-194-0　Printed in Japan　定価はカバーに表示しています。

淡海文庫について

「近江」とは大和の都に近い大きな淡水の海という意味の「近（ちかつ）淡海」から転化したもので、その名称は「古事記」にみられます。今、私たちの住むこの土地の文化を語るとき、「近江」でなく、「淡海」の文化を考えようとする機運があります。

これは、まさに滋賀の熱きメッセージを自分の言葉で語りかけようとするものであると思います。

豊かな自然の中での生活、先人たちが築いてきた質の高い伝統や文化を、今の時代に生きるわたしたちの言葉で語り、新しい価値を生み出し、次の世代へ引き継いでいくことを目指し、感動を形に、そして、さらに新たな感動を創りだしていくことを目的として「淡海文庫」の刊行を企画しました。

自然の恵みに感謝し、築き上げられてきた歴史や伝統文化をみつめつつ、今日の湖国を考え、新しい明日の文化を創るための展開が生まれることを願って一冊一冊を丹念に編んでいきたいと思います。

一九九四年四月一日